AF405109

Le Parti Socialiste

et

La Participation Ministérielle

DISCOURS

prononcés au Congrès National Extraordinaire du 10 Janvier 1926

PAR

LÉON BLUM

Député de la Seine

ET

PAUL FAURE

Député de Saône-et-Loire,
Secrétaire général du Parti

ÉDITIONS
de

LA NOUVELLE REVUE SOCIALISTE

41, Rue Saint-André-des-Arts, 41

PARIS 6°

Le Parti Socialiste

et

La Participation Ministérielle

DISCOURS

prononcés au Conseil National du 10 Janvier 1926

PAR

LÉON BLUM

Député de la Seine

ET

PAUL FAURE

Député de Saône-et-Loire,
Secrétaire général du Parti

ÉDITIONS
de
LA NOUVELLE REVUE SOCIALISTE
41, Rue Saint-André-des-Arts, 41
PARIS-6e

Le Parti Socialiste

et la

Participation ministérielle [1]

Camarades,

Nous recommençons le congrès de Japy, mais je ne recommencerai pas mon discours de la salle Japy.

A Japy, j'avais essayé de situer la notion de participation dans l'ensemble de la doctrine et de la tactique. Je n'y avais opposé aucune objection tirée de la lutte de classes et, dans la motion finalement votée, l'idée de la lutte de classes n'apparaît même pas. La motion écarte la participation pour l'ensemble des difficultés qu'elle comporte et qui résultent des conditions spéciales à l'action ouvrière.

La conquête et l'exercice du pouvoir

Ce qu'il faut entendre par là, en ce qui me concerne, je l'ai dit à Japy. La principale de ces difficultés réside dans la confusion possible entre la conquête du pouvoir et ce que j'appelais l'exercice du pouvoir. Je reviens d'un mot là-dessus. La conquête du pouvoir est la prise totale du pouvoir politique, prélude possible et condition nécessaire de la transformation du régime de la propriété, c'est-à-dire de la révolution. La notion de la conquête du pouvoir est donc avant tout une notion révolutionnaire et, à la conquête du pouvoir, j'opposais ce que j'appelais l'exercice du pouvoir en

---

(1) Discours prononcé le 10 janvier dernier à la « Bellevilloise », au Congrès national extraordinaire du Parti Socialiste (S. F. I. O.).

régime capitaliste, qui n'a pas de caractère révolutionnaire, qui est la conséquence de l'action parlementaire elle-même, que vous pouvez être obligés d'accepter, de demander, de subir, du fait même que vous pratiquez l'action parlementaire.

Et j'avais montré que le danger de l'existence du pouvoir, c'est précisément qu'il peut être confondu avec la conquête du pouvoir, que le prolétariat est incité à attendre de l'un l'ensemble des résultats qui ne peut découler que de l'autre, c'est-à-dire la transformation du régime même de la propriété, ou tout au moins une accélération particulièrement rapide du rythme transitoire qui doit conduire à cette transformation. Le danger qui résulte essentiellement de cette confusion, pour les masses ouvrières, c'est ce que j'appelais la déception révolutionnaire, cette déception que Guesde analysait dans son discours de Japy avec tant de force prophétique. Que cette confusion soit redoutable, qu'elle puisse se glisser dans beaucoup d'esprits, j'en ai trouvé une preuve dans nos débats mêmes et je demande au congrès, sans insister, mais clairement et nettement, la permission de marquer, sur ce point, en quoi je reste en désaccord avec certaines formules, avec certaines précisions qui ont été apportées à la tribune.

J'ai entendu dire ici que si nous exercions le pouvoir, nous l'exercerions dans des conditions tout à fait différentes de celles où les autres partis l'exercent, que, si nous étions installés au gouvernement par l'effet du jeu parlementaire, nous ne le quitterions plus, nous ne nous en laisserions pas dessaisir par le jeu des mêmes institution qui nous y auraient conduits que, le cas échéant, nous tenterions ce qui est, à proprement parler, un coup d'Etat, car c'est la notion même du coup d'Etat que de profiter de la possession légale du pouvoir pour violer la légalité. J'ai entendu dire encore que, si nous étions appelés au pouvoir, nous l'exercerions avec une violence dictatoriale, sans tenir le moindre compte des règles constitutionnelles.

Je ne suis pas, pour ma part, un légalitaire. Je l'ai dit dans nos congrès, je l'ai dit à la tribune de la Chambre. En ce qui concerne la conquête révolutionnaire du pouvoir, je n'admets pas que la classe ouvrière soit limitée par aucune espèce de légalité. (*Applaudissements.*)

Je préfère, comme tout le monde, qu'elle arrive à ses fins par des moyens légaux. Tous les moyens, y compris les moyens légaux, disait Guesde. Mais je ne l'enferme pas dans la légalité, et cela pour toutes sortes de raisons. D'abord, parce que je ne vois pas un régime en France, depuis 1789, dont les titres soient légaux. Ensuite, parce que je ne suis pas sûr que le capitalisme, constatant la croissance légale de la classe ouvrière, s'en tienne toujours contre elle à des moyens légaux. (*Vifs applaudissements.*) Parce que je ne suis pas sûr, ce qui revient au même, que la légalité capitaliste ne se soit pas progressivement transformée, au fur et à mesure de la croissance de la classe ouvrière, et de façon à entraver cette croissance. (*Applaudissements.*)

Enfin, parce que la loi, ce n'est plus pour moi, ni pour vous, ce qu'était la loi au temps de Solon ou de Moïse, au temps des Douze Tables ou des Tables de la Loi, parce que nous n'en sommes plus au temps où la loi crée la société, où elle la fixe, mais qu'au contraire, c'est maintenant le mouvement de transformation sociale qui crée la loi, et que la loi n'est plus que l'expression de rapports souvent fixés dans la société avant d'être inscrits dans des textes ou souvent abolis dans la société alors qu'ils subsistent encore dans les codes. (*Applaudissements.*)

Par conséquent, je ne suis pas légalitaire en ce qui concerne la conquête du pouvoir, mais je déclare catégoriquement que je je le suis, en ce qui concerne l'exercice du pouvoir. Je pense que si, par l'effet du jeu parlementaire, dans le cadre des institutions existantes, dans le cadre de la constitution actuelle, nous étions appelés à exercer le pouvoir, nous devrions l'exercer légalement, loyalement, sans commettre cette espèce d'escroquerie qui consisterait à profiter de notre présence à l'intérieur du gouvernement pour transformer l'exercice du pouvoir en conquête du pouvoir. Transformation d'ailleurs impossible, puisqu'elle est fonction d'un ensemble de conditions sociales qui ne seraient pas réalisées et que la possession du pouvoir ne suffit pas à créer. (*Applaudissements.*)

Je crois qu'il était nécessaire de bien s'expliquer là-dessus, de dissiper certaines équivoques que la presse réactionnaire a entretenues autour de certains propos, ou même de certaines formules de nos motions. Quand nous avons dit : Nous sommes prêts à assumer l'exercice du pouvoir à tous risques, sans reculer devant aucune éventualité, nous ne voulions pas dire que, si nous assumions le pouvoir pour réaliser nos projets, nous l'assumerions en dehors de la légalité. Pour moi, qui ai ce jour-là tenu la plume au nom du groupe, je n'entendais pas cela. Je voulais dire simplement que nous agirions à l'intérieur des institutions actuelles avec une énergie, une résolution et une décision qui ne tiendraient pas compte des obstacles devant lesquels s'arrêtent souvent les autres gouvernements. Certes, nous ne sommes ni les uns ni les autres des fervents du parlementarisme. J'ai lu, ces jours derniers, dans

un document saint-simonien de 1830 une réflexion qui m'a frappé :
à leur origine, les institutions parlementaires avaient toujours eu
pour objet essentiel d'entraver l'exercice d'un pouvoir central
qui, à priori, était considéré comme malfaisant. Je crois que c'est
une observation exacte et peut-être faut-il y chercher la raison de
tous les vices de la méthode parlementaire. Mais en ce temps-ci,
et surtout dans un pays comme la France, où l'anti-parlementarisme,
à l'état latent est toujours redoutable, des campagnes anti-
parlementaires conduiraient, non pas du tout à des constitutions de type américain où le pouvoir exécutif est plus prompt
et plus efficace, mais à des constitutions d'un ordre tout différent,
à des constitutions du type Brumaire ou du type Deux-Décembre,
auxquelles je pense que ni les uns ni les autres ne sommes disposés
à nous rallier.

J'en reviens maintenant à ma distinction entre l'exercice et
la conquête du pouvoir. Le danger, c'est la déception. Ce danger
est variable, bien entendu. Il varie suivant les moments, suivant
l'état des partis, suivant leur force, suivant leur unité, suivant
le degré d'éducation du prolétariat. Mais il est toujours réel, toujours redoutable, et c'est pourquoi l'exercice du pouvoir à l'intérieur des institutions capitalistes est, et sera toujours, une épreuve
particulièrement douloureuse et difficile pour des Partis socialistes. Que le pouvoir gouvernemental soit exercé par le socialisme seul, c'est-à-dire par des gouvernements constitués par les
socialistes, mais où, pour des raisons tirées de la situation parlementaire du moment, ils auraient été amenés à appeler des représentants d'autres partis — ce qui est tout un, — je dis que, même
dans cette hypothèse, ce sera toujours une épreuve laborieuse et
dangereuse. Mais c'est une épreuve à laquelle le Parti peut être
soumis, même malgré lui. Il peut y être soumis par une espèce
de point d'honneur à laquelle son existence même de parti serait
attachée dans une certaine mesure. Il peut y être accusé, comme
cela a presque failli se passer tout récemment par une sorte de
mise en demeure de l'opinion publique nous disant: Vous avez
proposé tel projet, défendu telle conception; vous voilà au pied du
mur, voyons ce que vous ferez à l'œuvre. Il peut y être contraint
d'une façon absolument inévitable, s'il possède la majorité dans
le Parlement. Et vous savez bien qu'un Parti socialiste pourrait
avoir la majorité dans le Parlement sans se trouver le moins du
monde en état de transformer l'exercice du pouvoir en conquête
du pouvoir, c'est-à-dire sans que l'ensemble des conditions politiques et économiques lui permît, en dépit de sa majorité, d'entamer

la transformation révolutionnaire de la propriété. Il peut l'être parce qu'il est la fraction la plus forte d'une opposition, comme c'est arrivé à nos camarades anglais. Il peut l'être parce qu'il est la fraction la plus forte d'une majorité, comme ce serait arrivé, il y a un an et demi, si, au lieu de nous trouver 105 socialistes et 140 radicaux, la proportion eût été renversée.

Voilà des exemples de cas où le Parti peut être contraint d'exercer le pouvoir. Même dans ces hypothèses, ce sera toujours pour lui une obligation périlleuse. Mais elle comporte du moins des contreparties, des compensations. Si les gouvernements durent, contreparties de réalisation. S'ils ne durent pas, ou s'ils durent très peu, ce sera le devoir du Parti exerçant le pouvoir, fût-ce pour quelques jours, d'employer ces jours assez bien pour tirer de ce passage si rapide au pouvoir une force spéciale de propagande. En tout cas, je le répète une fois de plus, ce sont des épreuves auxquelles il peut être astreint, auxquelles il peut être dans l'impossibilité d'échapper.

Les dangers de la participation

Tout en proclamant que le Parti, mis en demeure par les circonstances, ne devra jamais reculer, je vois donc de grands dangers à l'exercice du pouvoir : c'est à la constitution de gouvernements réguliers par le Parti, sous sa direction, sous sa responsabilité, dans les conditions et avec les concours qu'il juge les mieux appropriés aux circonstances. Mais la participation, c'est la collaboration du Parti socialiste à des gouvernements constitués par d'autres partis. Et, pour la participation, je vois les mêmes inconvénients, je ne vois pas les mêmes compensations. Le danger de déception est égal. Dans la participation, bien que n'ayant qu'une partie du pouvoir, vous êtes pour la classe ouvrière, qui n'a les yeux fixés que sur vous, les représentants mêmes du pouvoir. La contrepartie de réalisation, vous ne l'avez pas au même degré, l'avantage de propagande retentissante acquis quelquefois en quelques jours, en quelques heures, vous ne l'avez pas du tout, parce que vous n'avez pas la direction, parce que vous n'avez pas l'autorité centrale, parce que, dans ce ministère en société, vous ne pourrez pas accomplir les actes qui donneraient à ce passage au pouvoir un caractère particulièrement déterminé et retentissant d'opposition au régime actuel. Là encore, des degrés, des nuances, le danger de confusion, qui est pour moi le danger central, le danger de déception révolutionnaire, il est beaucoup moins grave, dans ce

que j'appellerai les participations négatives, quand le programme
est avant tout un programme de défense contre quelque chose.
C'est pour cela que je ne condamne pas la participation de guerre.
J'ai été le dernier à la défendre dans nos congrès. Le dernier
amendement sur lequel on se soit battu depuis la fin de la guerre
dans un congrès, portait ma signature, et je serais prêt à le défendre parce que la participation de guerre entraînerait le minimum de
confusion, parce que son but est un but négatif, un but de défense
contre la guerre, contre l'ennemi, sur quoi tout le monde peut en
effet, pour un instant, s'unir, sans confusion dans les esprits. Nous
pourrions, demain, faire la même opération, si les dangers de
fascisme, de contre-révolution devenaient tout à fait alarmants, et
ce n'est pas moi qui dirai non ce jour-là.

J'ajoute ceci, qui va sans doute vous paraître paradoxal, mais
à quoi mon raisonnement conduit logiquement. La participation
offre encore un minimum de risques quand elle s'opère avec des
partis se plaçant à l'autre extrémité de la gamme politique. Cela
paraît paradoxal, et c'est pourtant la vérité. Il y a moins de danger,
je crois, à faire la participation comme on l'a faite en Allemagne
et en Prusse, à la faire même comme on la fait aujourd'hui en
Belgique, entre socialistes et cléricaux, parce que, dans ce cas,
la classe ouvrière, du fait même que la confusion est impossible
entre les partis...

Des voix. — Très bien, très bien.

Léon Blum. — ...qui y entrent, ne peut se faire aucune
illusion sur le caractère temporaire, momentané, limité, occasion-
nel de l'alliance. Et elle offre, au contraire, le maximum de danger lorsqu'elle est à la fois une participation d'action positive et
une participation avec des partis mitoyens, parce qu'alors le risque
de confusion et de déception est porté à son maximum et que, par
surcroît, l'action et la vie même du parti semblent englobées dans
des formations extensives où son unité et son originalité dis-
paraissent

Mais je ne voudrais pas m'en tenir à cette analyse théorique.
Voyez-vous, je me suis aperçu qu'il s'était fait ces temps derniers
une grande transformation dans ma modeste personne. Il y a
quelques mois, j'étais un homme d'une habileté sans égale, d'une
rouerie, d'une malice, d'une subtilité machiavéliques. Maintenant,
je suis devenu une brute doctrinaire. (*Rires et applaudissements.*)
Je suis devenu un pédant marxiste, je suis devenu un fanatique
de la doctrine. Qu'est-ce que je préfère exactement? Je n'en sais

rien. Maintenant, vous savez, le fanatisme de la doctrine... je me rappelle tout de même que c'est sur le fanatisme doctrinaire de quelques hommes, dont j'ai été, que s'est brisée, en 1920, la vague communiste. *Applaudissements*). S'il ne s'était pas trouvé à ce moment-là, tout de même, quelques hommes qu'animait ce fanatisme de la doctrine... (*Applaudissements*), je ne sais pas trop ce que serait devenu le Parti !

Mais, passons. Je veux laisser maintenant toutes ces préoccupations de doctrine. Je veux, à mon tour, entrer dans l'analyse des faits, et j'essaierai de vous montrer qui, dans ce débat, tient compte des faits, de la réalité des faits, et qui, au contraire, essaie de les forcer et de les attirer arbitrairement à soi.

Je vais supposer le problème résolu. Je vais supposer que vous votiez ce soir une motion de participation. Je vais supposer que cette motion détermine après-demain, à la Chambre, une interpellation, sur la situation financière par exemple, que le ministère Briand soit mis en minorité, qu'Herriot soit appelé à nouveau par le Président de la République et, en vertu de la motion votée, fasse appel à la collaboration du Parti. Je me place bien au cœur des faits, j'imagine, continuant ainsi dans l'avenir ce que Lebas, hier, a fait pour le passé.

Les difficultés d'un mariage

Voici Renaudel d'un côté, voici Herriot de l'autre ; moi, je suis le notaire : je dresse le contrat de mariage (*Rires*) et j'essaie de débattre les clauses du contrat.

Grumbach. — Qui est la femme là-dedans ? (*Rires*.)

Renaudel. — C'est moi.

Léon Blum. — Je prends Renaudel ès qualités. Sur quoi les conjoints vont-ils se trouver d'accord ? Est-ce qu'ils sont d'accord sur la motion même, sur la forme même de la participation ? Je vous invite à faire bien attention à un malentendu qui est grave et pourrait, de nouveau, produire des conséquences assez fâcheuses. Quand nous disons, nous, ici, participation, nous entendons une chose, une certaine chose qui a été clairement définie par les partisans de la participation, mais dès que ce mot et cette idée de participation sortiront d'ici, ils auront pris un sens différent. C'est le plus grave et le plus constant des malentendus.

Quand on dit participation, ici, tous — nous pouvons rendre

cet hommage aux partisans de la participation — nous entendons quelque chose qui ne répond qu'à des conditions politiques exceptionnelles, qui n'est pas une habitude, un usage, une règle dans le Parti, nous entendons une combinaison où la prépondérance, l'impulsion de la pensée socialiste doit se manifester. Et je déclare ici qu'à mes yeux, qu'elle apparaisse quantitativement ou qualitativement, qu'elle apparaisse par la nature des portefeuilles ou par le nombre des têtes, c'est une assez vaine controverse. Tout gouvernement constitué par un autre parti, que nous y détenions les postes principaux ou la majorité d'une tête dans l'effectif des secrétaires et sous-secrétaires d'Etat totalisés, c'est pour moi un ministère non socialiste. (*Applaudissements.*) Un ministère non socialiste, mais où les partisans socialistes de la participation entendent introduire, par un procédé ou par un autre, la prépondérance socialiste. C'est là ce que vous entendez par la participation ; c'est là ce qui résulte de la motion de Renaudel à Japy, de toutes les motions des fédérations de province, de tous les discours prononcés ici.

Mais en dehors de nous, de vous, qui donc entend la participation de la même façon ? Quand vous la définissez ainsi, vous trouvez devant vous des polémistes — et parmi les plus importants du parti radical — qui vous disent, ou bien : vous êtes trop gourmands, vous n'aurez rien du tout ; ou bien : vous êtes des impertinents, vous traitez les autres partis sur un ton qui rendra toute collaboration impossible. En réalité, pour les radicaux, qu'est-ce que c'est que la participation ? Le contraire de ce qu'elle est pour vous. Pour vous, c'est une chose exceptionnelle, et pour eux c'est une chose ordinaire...

Des voix nombreuses. — Très bien !

Léon Blum. — ...normale, c'est la conséquence et le symbole de la coalition électorale. La participation, pour eux, c'est le soutien à l'intérieur, c'est la garantie du soutien. Voilà ce qu'est la participation pour eux. Et alors, la mésintelligence est fatale.

Cette mésintelligence, nous en avons eu l'exemple le plus frappant. Renaudel assistait à la démonstration. Nous avions rédigé, au groupe parlementaire, une motion unanime où nous avions essayé d'introduire tout justement cette idée de la prépondérance socialiste dans toute combinaison à laquelle nous pourrions participer. Pendant une heure, m'adressant à des délégués des autres groupes, j'ai essayé de faire compredre ce que nos participationnistes concevaient et entendaient par la participation. Je croyais avoir été compris, je ne l'avais pas été, et sur ce malentendu ont failli se greffer d'assez graves incidents politiques. Et on ne me comprenait pas parce qu'on raisonnait pas sur le même plan, ni avec la même formation de pensée, ni en attachant aux mots le même sens. (*Vifs applaudissements.*) J'avais beau réitérer mes explications, le malentendu subsistait parce qu'il partait de notions initiales divergentes. Laissez-moi vous le dire : dans cette résistance des radicaux à notre idée de la participation, il y a de mauvaises raisons et il y en a de bonnes. Par exemple, lorsqu'on nous dit : « Comment ! le parti radical à la remorque des socialistes ! » ce n'est pas une bonne raison. Il pourrait parfaitement arriver que le parti radical fût à la remorque du Parti socialiste. Le parti radical n'a pas cette espèce de prédestination au pouvoir que les opportunistes s'attribuaient contre lui il y a quarante ans, et au nom de laquelle ils ont écarté si longtemps du pouvoir les radicaux vraiment représentatifs de leur parti, car l'histoire se recommence en ces matières avec bien peu de variantes.

Mais il y a aussi une bonne raison : c'est que, réellement, c'est une combinaison sans vérité, sans franchise politiques. On peut difficilement dire à un autre parti et dire au Parlement : Je vais faire un ministère dans lequel le pavillon sera radical, mais la marchandise sera socialiste. On peut difficilement demander à un parti qu'il abandonne à un autre — tout en gardant l'autorité apparente et la plus lourde responsabilité — la réalité du pouvoir et de l'action. Personne n'a soutenu ici cette conception radicale de la participation. Mais j'avais lu, c'était peut-être une information inexacte, — qu'à la fédération de l'Hérault, notre camarade Reboul avait dit à peu près ceci : « Il faut participer au prorata des forces et dans une combinaison qui soit l'image de la majorité parlementaire elle-même, ou bien la collaboration n'a pas de sens. » Logiquement, c'est lui qui a raison.

Si cette opinion n'a pas été affirmée ici, n'en doutez pas, elle règne en dehors d'ici. Et quand j'essaierai de dresser le premier article de mon contrat, je retrouverai, vous le savez bien, cette opposition foncière que nous avons déjà trouvée il y a quelques semaines. Car enfin, c'est tout de même le grand fait nouveau depuis Japy. Le grand fait nouveau depuis Japy, c'est qu'il y a quelques semaines nous avons essayé de mettre sur pied une participation. Nous l'avons essayé avec l'homme le mieux désigné, dans un moment où le caractère critique des événements n'était discuté par personne. Nous l'avons essayé dans une crise particulièrement favorable, par sa nature même, à une combinaison de ce genre, puisqu'elle avait éclaté sur le terrain financier. c'est-à-dire sur le terrain où notre apport était le Parti le plus indiscutable. Cependant elle a échoué.

Et je peux bien le dire, m'adressant au congrès tout entier, qu'elle n'a pas échoué par ma faute et qu'en ce qui me concerne je n'ai pas mis un caillou ni un grain de sable dans la combinaison, quelles que fussent mes opinions personnelles, qui étaient à ce moment ce qu'elles étaient la veille et ce qu'elles sont encore aujourd'hui.

Eh bien, je suppose cependant que vous régliez ce premier malentendu, inconciliable à mon avis, sur le concept même de la participation. Nous voici au programme. Je ne reviendrai pas sur ce qu'a dit Auriol de la question financière. Auriol a prononcé hier un discours que tous nous avons admiré du même cœur, un discours où l'on sentait toute la générosité, tout le désintéressement, toute la flamme de sa nature, et je peux bien le lui dire, quand il s'est adressé à moi comme il l'a fait, il m'a troublé, il m'a ému. Quand on a mené la vie comme nous l'avons fait ensemble depuis six ans, mêlés chaque jour dans la même bataille, c'est un crève-cœur de se sentir en désaccord sur une question comme celle-là.

Je ne veux donc pas discuter dans le détail le projet financier qui a été élaboré par une commission commune des groupes. Je ne veux pas chercher s'il a conservé la netteté, la force, je dirai la pureté de lignes, au sens où on le dit d'un dessin, de nos conceptions primitives, de nos conceptions à nous, et si nous pourrions le défendre avec l'ardeur, l'entrain que l'on apporte à défendre ses conceptions propres. Je ne veux pas discuter là-dessus. Je donne cause gagnée à Auriol. Je suppose qu'en matière financière, le programme commun puisse s'établir. C'est entendu.

Il n'y a pas que cela. Moi, notaire, j'ai à rédiger les clauses d'une déclaration ministérielle. J'écarterai bien entendu tout ce qui ne va pas s'imposer à moi dans les jours qui vont venir, tous les problèmes qui ne me sont pas impérieusement désignés par les circonstances, mais il y en a qui me sont impérieusement désignés. (*Applaudissements.*)

Le Maroc et la Syrie !

Je vais avoir à m'occuper demain du Maroc et de la Syrie. La Syrie! Dieu sait avec quelle prudence et avec quel souci de transaction nous avions rédigé l'ordre du jour Fontanier-Uhry. Il n'a pas eu une voix radicale ! Croyez-vous que nous puissions nous entendre pour demander ce que Déat appelait hier « la liquidation du mandat syrien » ?

Le Maroc ! Le dernier débat auquel vous avez participé, Renaudel, je n'y assistais pas. Mais je vous assure que j'ai lu le compte rendu avec soin. Avec soin et avec quelque ennui, non pas certes en ce qui concerne le langage que vous avez tenu, mais en ce qui concerne le langage que d'autres ont tenu et les applaudissements qu'ils ont recueillis.

LEBAS. — Les acclamations unanimes.

LÉON BLUM. — Il m'a semblé qu'il n'était plus question de paix avec Abd el Krim, et Malvy lui-même, qui a été à l'extrémité de la pensée radicale, Malvy lui-même n'a parlé que de paix avec les tribus.

Autre question qui viendra tout de suite : la réforme électorale. Qu'est-ce que vous allez mettre dans le contrat de mariage là-dessus ?

Nous avons décidé que, comme pis aller, nous adopterions le scrutin d'arrondissement.

RENAUDEL. — On l'a mis à l'avance dans la corbeille.

LÉON BLUM. — Non, certes ! Il y a une bien grande différence entre se rallier, en désespoir de cause, au scrutin d'arrondissement plutôt qu'au *statu quo*, ou bien le demander dans une déclaration commune portant la signature du parti et engager là-dessus la question de confiance. (*Vifs applaudissements.*)

Je ne veux pas continuer. Si je prenais les questions, non pas de première urgence, mais de seconde, si je prenais, ou les assurances sociales, ou la loi militaire, me référant au débat que nous avons entendu entre Boncour et Painlevé, ou à l'école unique sur l'idée de laquelle subsiste entre radicaux et nous un si grave malentendu...

DES VOIX. — Très juste.

LÉON BLUM. — ...je pourrais vous montrer que l'accord ne serait pas plus facile. Mais je m'en tiens à ces questions fatalement imposées pour l'action pratique de demain et je demande où est la possibilité d'accord ?

Et si je passe aux méthodes, après avoir examiné ainsi le concept de la participation et la formation du gouvernement, croyez-vous que l'entente aussi soit facile ? Nous sommes des partisans de la révision de la Constitution. Nous pensons que nous serons obligés un jour ou l'autre de faire ce qu'a fait Lloyd George avant la guerre, lorsque, essayant de faire des budgets démocratiques et se heurtant à l'opposition des Pairs, il a dit un jour : « Arrêtons-nous, aucun travail n'est plus possible tant que nous aurons contre nous ce pouvoir de résistance. Il faut l'abattre d'abord et reprendre notre tâche ensuite. » Concentrant alors toute l'activité du parti libéral contre la Chambre des Lords, il a fait voter le Veto-bill et le Parliament-bill. Après quoi se sont accomplies les réformes démocratiques.

Nous ne demandons pas tant au parti radical, mais nous pouvons lui demander de ne pas poser la question de confiance devant le Sénat. Nous pouvons lui demander, sur toute question où, mis en minorité au Sénat, il conserverait la majorité à la Chambre, de ne pas abandonner le gouvernement. Nous pouvons lui demander, si le conflit persistait, de faire juge le pays par la dissolution. Eh bien, nous avons échangé avec les radicaux quelques-unes de ces idées, jamais nous n'avons obtenu l'assentiment. (*Mouvements.*) Nous avons au contraire à maintes reprises... (*Mouvements et bruits*). Je ne veux citer aucun nom, c'est inutile. Nous avons toujours recueilli cette affirmation qu'avant tout, il fallait éviter la dissolution, qu'avant tout, il ne fallait pas entrer dans une politique qui pût conduire à l'impasse de la dissolution, et je crois même que leur groupe parlementaire a fait faire en ce sens, à l'Elysée, une démarche officielle.

Le notaire, découragé, s'aperçoit ainsi qu'au moment de donner la signature, on n'est d'accord ni sur l'apport, ni sur le régime, ni sur la liquidation en cas de divorce.

Et alors je veux répondre ici, en cessant de prendre ce ton faussement badin, à mon cher ami Déat et à Boncour, qui s'exprimaient dans le même sens. Si la participation telle que nous l'entendons ne doit pas aboutir, disait Déat, qu'est-ce que vous risquez ? Vous voyez bien, nous disait Boncour, que ceux mêmes qui sont partisans de la participation seront les plus difficiles et les plus sévères, quand il s'agira d'opposer aux radicaux nos conditions. Votez donc la participation, et vous aboutirez seulement à ce résultat souhaitable : c'est que vous aurez donné une preuve de bonne volonté, ou de volonté tout court, c'est qu'en cas d'échec de la politique démocratique, la responsabilité sera rejetée sur les autres.

Alors, franchement, c'est cela que vous nous proposez comme une politique d'audace (*Vifs applaudissements*): voter une participation en y mettant des conditions telles qu'on les suppose irréalisables, pour prendre vis-à-vis du pays (*Vifs applaudissements*)... pour prendre vis-à-vis du pays une attitude plus commode ou plus fructueuse ! Je ne veux pas insister là-dessus, mais je veux vous montrer qu'à un point de vue qui me préoccupe autant que vous — et je me demande parfois s'il ne me préoccupe pas plus que vous — c'est-à-dire en ce qui touche la possibilité d'un concert parlementaire entre les partis démocratiques du Parlement —, votre tactique offre de bien singuliers périls.

C'est une chose assez grave que de créer dans le pays des espoirs de participation qui seraient déçus d'avance par les faits. C'est chose assez grave que de faire miroiter devant les autres partis des possibilités de participation que nous ne pourrions pas faire passer à l'acte. Pour ce qui vous touche au cœur, et moi aussi, c'est-à-dire pour les possibilités de cohésion entre les forces démocratiques de ce pays, il n'y a pas de tactique plus dangereuse que celle-là. Je vous en donne une preuve : c'est ce qui s'est passé au lendemain de l'échec d'Herriot. Nous avions été tous d'accord pour dire : non. Nous avions été unanimes. Et cependant, est-ce que cela n'a pas laissé de traces entre les radicaux et nous, est-ce que cela n'a pas laissé de trouble dans cette masse d'opinion indécise, incertaine, qui hésite entre l'organisation radicale et la nôtre ? Vous savez bien ce qu'il en est, et la preuve de ce trouble, nous l'avons eue au groupe parlementaire lui-même, après la décision prise. Non ! non ! croyez-moi, ce sont des aventures qu'il ne faudrait pas recommencer, car elles laissent des blessures singulièrement promptes à s'envenimer, et c'est bien là que je vois le plus grand péril. Les dangers d'une telle rupture sont si évidents, si graves que vous ne pourriez pas recommencer !

Une fois l'idée de la participation admise, une fois le principe admis avec les conditions les plus sincèrement, les plus franchement acceptées, je vous le dis, faisant une prophétie à mon tour, je vous le dis : vous ne pourrez pas vous en tenir à ces conditions. Je vous dis que vous ne pourrez pas répéter et multiplier les refus. Je vous dis que vous ne pourrez pas soumettre l'opinion parlementaire et l'opinion publique à l'épreuve de ces négociations répétées où l'opinion hostile ne verra que d'abominables marchandages. (*Vifs applaudissements.*) Et un beau jour, vous serez obligés de marcher malgré vous. Si vous parlez de glissement, voilà le plus redoutable, car c'est un glissement auquel vous serez entraînés en dépit de votre volonté, par un enchaînement de faits agissant avec la certitude et la fatalité de la pesanteur. Vous répondrez : non ! une fois, deux fois, et la troisième fois, vous sentirez que c'est impossible de dire : non, et vous ne retiendrez plus alors qu'une chose : l'autorisation de principe donnée par le Parti et non plus les conditions ! (*Applaudissements répétés.*)

Je ne vous accuse pas d'avance de calcul; je sais bien que telle n'est pas votre pensée, mais je vous avertis que vous serez attirés à cette extrémité par la fatalité des circonstances. Vos conditions, elles seront comme une digue trop faible, et elles ne résisteront pas, en effet, au choc successif des crues, à la montée progressive des eaux.

Un dilemme fallacieux

Voilà ce que je voulais dire d'essentiel sur les dangers de la participation. Je crois bien que j'ai été au cœur des choses, au cœur des faits. Je voudrais maintenant répondre à l'essentiel des arguments contraires, c'est-à-dire au dilemme de Renaudel. Dilemme redoutable ! Ou la participation, ou le danger réactionnaire; nous au pouvoir, ou les réactionnaires au pouvoir.

Je sais ce que peuvent être les conséquences d'un retour offensif de la réaction, ses conséquences en France et hors de France. Seulement, je vous le demande : En quoi diminuerez-vous ce danger par la participation ministérielle ? La participation, oui, j'en conviens, elle déterminera un grand mouvement d'enthousiasme, un enthousiasme que je crois en grande partie inconsidéré, mais qui, par lui-même, est une force, un enthousiasme dans le pays, tel que nous en avons connu en d'autres temps... en sens contraire. Mais, à la Chambre, en quoi cela modifie-t-il l'état de choses, la répartition des forces ? Vous croyez vraiment que, parce que nous aurons voté la participation ou refusé la participation, la distribution des forces parlementaires va être modifiée? Enthousiasme dans le pays, je le conçois, je le comprends, mais à la Chambre ? (*Mouvements divers.*)

MARQUET. — Je me demande si l'enthousiasme dans le pays n'aura aucune répercussion.

LÉON BLUM. — Nous nous sommes déjà dit cela après les élections municipales et cantonales. Nous nous sommes dit que cette accentuation de la poussée démocratique, de la volonté démocratique dans le pays, allait avoir une répercussion sur la Chambre. Nous l'avons espéré; nous avons joué à certain moment toutes nos cartes là-dessus, vous le savez bien, Marquet ! Nous avons dit : le vif de la situation actuelle, c'est le désaccord entre la Chambre et le pays, le pays à gauche de la Chambre, et, après les élections municipales et cantonales, nous verrons une accentuation démocratique à la Chambre et une cessation de la résistance au Sénat. Et qu'est-ce que nous avons vu après ces élections ? Nous avons eu le premier et le second ministères Painlevé ✓

MARQUET. — Nous avons voté contre !

LÉON BLUM. — Y aura-t-il une répercussion sur les forces parlementaires de cet enthousiasme populaire ? Je vous dis, moi, que je ne le crois pas. Je ne peux concevoir que le parti radical mette plus ou moins d'énergie à se défendre contre les retours offensifs de la réaction et contre la formation de ministères réactionnaires, suivant que nous aurons accepté ou non la participation. Et je vous réponds surtout, puisque les dilemmes sont à la mode, je vous réponds par celui-ci : la participation, elle sera la vôtre ou la leur; elle sera la participation à conceptions socialistes ou la participation à conceptions radicales. Si elle est la participation aux conceptions socialistes, vous pourrez là chercher votre majorité. Vous verrez l'effet d'une participation aussi entendue sur la fraction modérée du parti radical. (*Vifs applaudissements.*)

Et si c'est, au contraire, l'autre, la participation aux conceptions radicales, alors c'est dans le Parti que je vous demande d'aller la chercher, votre majorité ! (*Nouveaux applaudissements.*) La division, l'indiscipline, voilà ce que vous créerez dans un parti ou dans l'autre, suivant que ce sera une participation ou l'autre. Mais, dans aucun cas, vous n'obtiendrez ce rassemblement, cette reconstitution enthousiaste de la majorité sur laquelle reposent tous vos calculs.

C'est, au fond, la même pensée que Renaudel exprimait dans un second dilemme, corollaire du premier. Ou eux ou nous, ou la réaction au pouvoir, ou la participation, disait-il d'abord. Ou la tactique de participation ou la tactique d'opposition, ajoutait-il par surcroît. Mais je ne consens pas plus pour ma part à me laisser enfermer dans cette deuxième alternative que dans la première, et je ne vois pas pourquoi, pour l'unique fois de son existence, le Parti se sentirait tenu à un choix pareil ! (*Vifs applaudissements.*) On nous dit : ou l'un ou l'autre ! Je réponds, moi : ni l'un, ni l'autre ! (*Applaudissements enthousiastes et prolongés.*)

Jusqu'à présent, à aucun moment de son passé, le Parti n'a accepté ni l'un, ni l'autre. Il n'a jamais fait jusqu'à présent de participation, et il n'a jamais été jusqu'à présent une force d'opposition systématique, si ce n'est vis-à-vis de gouvernements qui se présentaient eux-même comme des gouvernements de combat et de réaction. La situation est la même aujourd'hui. Jamais, pour ma part, dans les conditions actuelles, je ne préconiserai dans le Parti une tactique d'opposition systématique. Je sais trop quel serait aujourd'hui le danger d'une instabilité gouvernementale. Et je sais trop aussi que le Parti doit faire effort, dans toute la mesure où cela lui est possible, pour que le pouvoir soit maintenu entre les mains de gouvernements qui ne soient pas des gouvernements de réaction.

Je ne veux pas discuter avec Renaudel si une majorité de gauche est possible ou non à la Chambre. Je ne sais pas si une majorité de gauche est possible. Mais je sais qu'elle est impossible sans nous. Et cela suffit pour que, en ce qui me concerne, je sois décidé à faire et à demander au Parti de faire tout ce qui peut dépendre de lui pour que l'instabilité du gouvernement ne nous amène pas à un danger fasciste; pour que, dans toute la mesure possible, le pouvoir soit maintenu ou remis entre les mains d'hommes qui ne soient pas des hommes de réaction. (*Applaudissements; mouvements divers; bruit; Marquet demande avec insistance la parole.*)

Pour une politique de soutien

La solution que je propose au Parti à cet effet est toujours la même. Elle est banale; on nous dit qu'elle est usée; cependant, je reste convaincu que c'est celle qui convient encore aujourd'hui le mieux aux nécessités de l'heure. Je crois que, dans toute la mesure où on nous rendra ce soutien possible, nous devons continuer à soutenir les gouvernements qui se présenteraient à nous comme des gouvernements de démocratie.

Nous en sommes arrivés à ce point que le soutien, ici, dans ce Congrès, est considéré par certains comme une sorte de manœuvre sournoise pour faire avorter la participation.

Bracke. — On a dit que ce serait nous les derniers défenseurs de la politique de soutien !

Léon Blum. — Je n'ai jamais varié sur le soutien. C'était mon avis avant les élections, c'était mon avis après les élections, c'était mon avis à Japy où, sur ma demande, la Commission des résolutions en a réservé expressément la possibilité. Je n'ai pas cessé de présenter la même thèse; personne ne m'accusera, je pense, aujourd'hui, de la reprendre pour les besoins de la cause, pour l'opposer à la participation au moment où elle serait prête de triompher.

Je maintiens contre Boncour les avantages du soutien par la participation. Je maintiens, et l'expérience le prouve, que nous avons pu soutenir sans défaillance un gouvernement comme le gouvernement d'Herriot, auquel nous n'aurions pas continué de participer peut-être pendant six semaines. Certes, nous avions conçu le soutien — c'est, aujourd'hui, l'avis des radicaux, c'est l'avis d'Herriot lui-même — d'une façon stricte, trop soudés les uns aux autres, ne gardant pas une aisance suffisante de mouvements. Nous serions d'accord aujourd'hui, les radicaux et nous, pour lui rendre la souplesse qui lui a manqué. Mais, enfin, nous avons fait l'expérience du soutien, elle a été positive. Tous les arguments théoriques en faveur du soutien subsistent, et le temps écoulé leur a ajouté des arguments pratiques tirés de l'expérience, arguments contre la participation, arguments contre le soutien.

Et si j'ai un étonnement, moi, une stupeur, c'est de voir Renaudel — qui, ici même, à la Bellevilloise, il y a dix-huit mois, au moment où la participation se présentait dans des conditions singulièrement plus favorables qu'aujourd'hui, a écarté la participation pour le soutien — vous demander, aujourd'hui, dans des circonstances changées au rebours de sa thèse, d'écarter le soutien pour la participation.

Une lourde responsabilité

Puisqu'il est si souvent question de responsabilités, je crains que, par leur campagne, nos amis participationnistes n'en aient pris une assez lourde. Alors que la combinaison radicale à prépondérance socialiste était, en fait, aussi difficile à réaliser, et peut-être plus difficile qu'un gouvernement socialiste proprement dit, je crains qu'ils n'aient, et peut-être pour longtemps, affaibli l'une de ces idées au profit de l'autre. Il y a deux mois, à la Chambre et dans la presse, se dessinait un mouvement que, certes, je ne suivais pas avec joie, mais dont on ne pouvait se dissimuler l'existence; un mouvement qui tendait à faire l'épreuve des projets et du personnel socialistes. Il se traduisait par la plume d'hommes comme Léon Bailby, comme Romier; il se traduisait surtout au Parlement où des jeunes radicaux nous disaient : Il est temps qu'on fasse l'épreuve socialiste; nous vous soutiendrons comme vous nous avez soutenus. Et ils étaient d'autant plus naturellement amenés à cette pensée que le problème le plus aigu se posait en matière financière, c'est-à-dire dans l'ordre de questions où nous avions pris l'avantage par nos prévisions et par nos solutions, où nous avions été les premiers à pressentir, à avertir et aussi à proposer. Est-ce un bien ? Est-ce un mal ? Je n'en sais rien ; mais, à coup sûr, l'idée de la participation a mis à néant ce commencement de réalisation possible. Mais je n'insiste pas là-dessus. J'attire surtout l'attention de nos amis sur un autre point. Me plaçant au même point de vue que tout à l'heure, au point de vue d'un concert parlementaire, d'une coordination d'action entre les groupes démocratiques de la Chambre, je dis à nos amis participationnistes : rendez-vous compte de la gravité de l'état d'esprit que vous avez contribué à créer. Nous en sommes venus à ce point maintenant que, si nous refusons de participer, nous prenons l'air de traîtres à la cause démocratique. (*Une voix :* Mais oui !) Mais qui a créé cet état de choses ? (*Très bien ! Vifs applaudissements.*)

GRUMBACH. — Ce n'est pas nous ! (*Bruit et protestations.*)

UN DÉLÉGUÉ. — C'est le pays !

LÉON BLUM. — Je vous répète qu'à force de parler de participation, à force d'y engager, d'en soutenir l'idée dans le Parti, vous en avez fait naître l'espoir, vous avez donné de la constance à cet espoir en dehors du Parti. Vous avez par là servi la thèse de qui ? Savez-vous de qui ? Des radicaux dissidents, des saxons du radicalisme. (*Longs applaudissements.*) Ceux-là sont tout prêts, en effet, à répéter : Rien à faire avec ces socialistes qui reculent devant toutes les responsabilités. Cet état d'esprit n'existait pas il y a un an. Il y a un an, on trouvait naturel notre refus de participation, on l'acceptait, et même je ne sais pas jusqu'à quel point on ne le préférait pas. Ni Herriot, ni Painlevé ne nous ont demandé la participation, comme à des hommes de qui puisse dépendre le salut, le sort d'une alliance parlementaire. Aujourd'hui, au contraire, c'est devenu comme un lieu commun chez nous et hors nous que le refus de participer signifie ou entraîne l'isolement, la rupture de toute entente au Parlement et dans le pays, l'indifférence à l'évolution politique, l'abandon de toute action démocratique.

Ce sont là des erreurs dont je voudrais vous adjurer, pendant qu'il en est temps encore, de réparer avec nous les conséquences. Il faut faire comprendre, — comme nous l'avions fait pendant un an, et nous y étions parvenus — il faut faire comprendre en dehors de nous ce que nous sommes, comment nous sommes amenés, par nos traditions, par les nécessités mêmes que nous impose notre action de Parti, à certaines conceptions qui étonnent d'abord nos voisins politiques, mais qu'il n'est nullement impossible de faire pénétrer dans leur pensée. Pourquoi nous demander, pourquoi nous sommer de donner à notre appui, à l'appui que nous sommes prêts à continuer à un gouvernement démocratique, une forme qui n'est pas dans nos habitudes, dans nos traditions de parti et qui, dans notre profonde conviction, contrarie les nécessités ou les commodités de l'action et de l'organisation ouvrière. On nous dira : Vous fuyez les responsabilités. Mais, vraiment, est-ce qu'on a le droit de nous tenir ce langage? Est-ce que vraiment nous allons laisser pénétrer ici la pensée de ces gens qui nous accusent de peur et de poltronnerie, qui nous accusent de bouder devant la tâche, qui nous accusent d'être incapables d'action, j'entends d'action aventureuse et comportant des risques. Auriol, je vous remercie de l'avoir dit hier comme vous l'avez fait, mais nous avons connu ensemble d'autres risques. Nous avons connu un temps où nous luttions l'après-midi à la Chambre contre le Bloc national, et le soir contre les communistes; où nous étions accablés, le matin et le soir, d'injures contraires, nous avons connu des jours où nous avons risqué la vie du Parti et aussi un peu la nôtre, dans la bataille de la Ruhr. (*Vifs applaudissements*).

Dans la bataille contre Poincaré, nous avons pris les plus lourdes responsabilités que puisse assumer un parti politique. Nous avons livré à la discussion publique des textes et des idées tels que le plan des réparations ou le prélèvement sur le capital. Non! nous n'avons pas eu peur, et nous n'avions pas peur non plus quand nous disions, il y a un mois : Nous sommes prêts à assumer au pouvoir tous les risques, — sachant très clairement ce que ce mot de risques pouvait contenir pour certains d'entre nous.

Non, nous ne sommes pas des poltrons, et nous n'avons pas peur des responsabilités. Mais nous sommes des gens qui accomplissons — mon Dieu! je le sais bien — la plus difficile, la plus périlleuse de toutes les tâches, celle qui consiste à concilier chaque jour, car c'est toujours ainsi que les choses se résument, les intérêts présents du parti, inséparables de ceux de la démocratie, et ses intérêts d'avenir, inséparables de l'espoir d'émancipation de la classe ouvrière.

La complexité du problème et l'instinct de conservation du Parti

Voyez-vous, c'est très commode d'être démocrate. On sait toujours ce qu'on a à faire. C'est très commode d'être communiste; on sait toujours ce qu'on a à faire. C'est beaucoup plus difficile d'être socialiste. Chaque jour, en toute occasion, vis-à-vis de toutes les circonstances, on a, en effet, à trouver cette espèce de transaction, le moyen terme, de résultante, entre nos devoirs actuels et nos devoirs futurs. Notre devoir est à la fois dans le présent et dans l'avenir; il est dans le plus prochain et dans le plus lointain, et je sais bien que la gravité de la situation présente, c'est que, précisément, dans les circonstances où nous nous trouvons, les difficultés immédiates pèsent d'un poids particulièrement lourd sur les possibilités d'avenir et sur le développement futur de la classe ouvrière. Je le sens, c'est pour cela que je réfléchis de mon mieux, je vous l'assure. J'ai réfléchi — je vous le dis avec émotion et non pas avec présomption — comme un homme qui a senti à certaines minutes que, peut-être, de l'attitude qu'il prendrait vis-à-vis de certains de ses amis, de l'attitude qu'il prendrait dans la presse du Parti ou à la tribune de ce Congrès, pouvaient dépendre en quelque mesure le déplacement des forces et la décision finale. Je ne sais pas si la situation est aussi grave qu'on l'a dépeinte, je crois qu'on l'exagère un peu. comme nous l'exagérons certains jours à la Chambre où nous sentons passer des anxiétés d'une heure, presque aussitôt dissipées par les événements. Je ne crois pas, d'autre part, que nous soyons arrivés à ce point, nous socialistes, que de nos décisions dépende l'avenir de la nation, de la République et de la démocratie. Mais enfin, je sais que c'est grave, et je vous assure, j'y ai réfléchi comme devant une chose grave. Mais plus je réfléchis, plus je me confirme dans ma pensée que la participation sera ou impraticable si elle prend une forme, ou néfaste si elle en prend une autre, qu'elle aboutira à un échec dangereux dans une certaine conception, à des transactions et à des glissements peut-être plus dangereux encore dans une autre; qu'elle ne vous offre aucun moyen sûr ni de réformer une majorité durable, ni de faire durer un gouvernement d'action.

Voilà ma conviction, je vous la livre. J'entends bien, pour chacun de nous, c'est un choix difficile. Je l'ai fait de mon mieux. Je crois, en tout cas, que, pour amener le Parti à changer d'avis en telle matière, il aurait fallu tout de même quelque chose de plus. Nous n'avons qu'une majorité faible, sans doute, mais laissez-moi vous le dire, notre majorité est, à nos yeux, bien significative, car elle a été obtenue contre l'action de toutes les influences ambiantes, quelles qu'elles soient, contre toutes les influences dans lesquelles un Parti vit et baigne, contre toutes les influences atmosphériques qu'il est amené à subir presque malgré lui. Pour qu'une majorité se soit cependant manifestée dans le Parti, si faible soit-elle, il faut que le Parti ait obéi à un véritable instinct de conservation. (*Vifs applaudissements; bruit prolongé sur certains bancs.*)

Ce n'est pas dans cette atmosphère, et sur ces interruptions, et sur l'émotion qu'elles soulèvent, que j'aurais voulu terminer. La décision que le Congrès, je crois, va prendre, nous mènera pour l'avenir, — comme dans le passé, — à une action laborieuse, sans éclat, sans panache, à de grandes et sourdes difficultés. Je pense que le Parti pourra les affronter, qu'il pourra les surmonter, qu'il pourra conserver le bénéfice de cinq ans d'efforts admirables qui se sont écoulés depuis Tours. Mais à une condition : c'est que le Parti, justement, conserve son sang-froid, son calme, sa confiance en lui-même; c'est que nous conservions pour règle, comme heureusement nous l'avons fait jusqu'à présent, comme chacun l'a fait au cours de ces débats, de ne nous prêter les uns aux autres que des mobiles désintéressés et élevés (*Vifs applaudissements*), c'est que nous conservions la conviction, dont quant à moi je suis pénétré, connaissant les hommes, que personne ici n'a agi autrement qu'en vue de l'intérêt du Parti, et pour répondre à la notion qu'il avait de l'intérêt et de la plus grande force du Parti. Je vous supplie, quelle que soit la décision prise, qu'aucune polémique ne vienne, entre nous, altérer cet accord, que rien, quand nous serons sortis d'ici, ne vienne rompre ce qui fut ici noble et beau, c'est-à-dire cette foi que nous avons dans la droiture les uns des autres, dans notre sincérité commune, dans la force de notre attachement commun au Parti.

Voyez-vous, le Parti, dans la politique de tous les jours, dans la politique parlementaire, il est bien souvent contraint à des exercices de corde raide. Quand on est comme cela sur la corde, avec le balancier dans la main, il faut pouvoir regarder droit devant soi. Si on est obligé d'incliner le regard, d'abaisser les yeux sur des controverses jalouses, sur des convoitises, sur des rancunes, alors on tombe et, ce qui est plus grave, on laisse tomber avec soi la charge qu'on avait dans les mains.

Je demande donc au Parti de continuer sa marche, droit, droit devant lui, vers son idéal, vers son but final, vers sa victoire! (*Salves répétées d'applaudissements; une longue ovation est faite à l'orateur.*)

LÉON BLUM,
Député de la Seine.

La Participation Ministérielle, le Cartel des Gauches et l'Avenir du Parti Socialiste [1]

Camarades,

Je suis tenté de m'excuser de prendre la parole à cette heure tardive où les auditeurs sont aussi fatigués que les orateurs. Mais je n'ai pas cessé, depuis hier matin, d'accepter que mon tour de parole soit retardé; j'espère que vous ne m'en tiendrez pas rigueur et que vous voudrez bien entendre jusqu'au bout les explications que j'ai le devoir, en ces circonstances, de vous apporter.

J'ai écouté, comme vous tous, avec attention, avec une attention passionnée, toutes les thèses, toutes les opinions développées, et je vous assure que je m'efforce, dans ce débat, malgré une réputation imméritée de sectarisme, d'être sans parti pris et que, très sincèrement, je m'essaye à corriger, s'il y a lieu, ma pensée ou mes erreurs à l'appel des arguments de ceux d'entre nous qui ne pensent pas comme moi.

J'ai écouté. J'en suis arrivé d'abord à cette première conclusion que ce Congrès, si beau soit-il, n'était peut-être pas d'une utilité très grande, parce que, enfin, en face de quoi de neuf, de nouveau, d'imprévu, nous trouvons-nous ? Depuis vingt mois, c'est la septième Assemblée de ce Parti où, toujours, sinon tout à fait directement comme aujourd'hui, tout au moins au fond de nos pensées, dans l'esprit de toutes nos résolutions, le problème que nous débattons ce soir a été évoqué et réglé.

Je sais bien qu'il y aura d'autres Congrès, heureusement; nous

---

(1) Discours prononcé le 11 janvier dernier à la « Bellevilloise », au Congrès national extraordinaire du Parti Socialiste (S. F. I. O.).

avons tant de plaisir à nous retrouver ensemble (*Rires*). Je le dis sans espèce d'ironie.

Mais, aujourd'hui, pourquoi sommes-nous réunis?

Circonstances exceptionnelles, nous dit-on. Les fameuses « circonstances exceptionnelles », prévues par la motion Kautsky, du Congrès International de Paris. J'entend bien. Mais j'observe que ceux qui nous pressent le plus ont, pour la plupart, toujours été ministérialistes et que, pour eux, il est peu de circonstances qui ne soient pas exceptionnelles.

Et puis, je n'ai vu nulle part, ni au groupe parlementaire, ni au siège du Parti, pas même sur le bureau de ce Congrès, des propositions précises de collaboration sur lesquelles nous serions appelés à nous prononcer.

Alors, quoi?

Mon ami Bracke, dans une de ces conversations intimes où excelle son esprit si riche de souvenirs et de savoir, nous contait ces jours-ci une anecdote charmante. C'était à Londres, après la Commune. Les communards réfugiés là-bas attendaient tous les matins que le pays les rappelât avec enthousiasme. Et, comme ils étaient sûrs que cela allait se produire, à toute heure du jour et de la nuit, il s'étaient préparés à cette éventualité qu'ils jugeaient fatale. Ils avaient nommé leur gouvernement, désigné leurs préfets. De temps en temps, le gouvernement se réunissait et, sur les renseignements qui lui parvenaient de France, il révoquait et remplaçait tel ou tel préfet. (*Rires.*) — Savez-vous comment on les appelait : La Société du Doigt dans l'œil ! (*Nouveaux Rires.*)

Nous sommes à la limite où il ne faudrait pas un huitième, un neuvième ou un dixième Congrès sur ce problème-là d'une participation qui ne nous est pas offerte pour friser un peu, je m'excuse du mot, le ridicule (*Très bien ! Très bien !*)

Trois hypothèses ont été envisagées : celle d'un gouvernement en totalité composé de socialistes; celle d'un gouvernement en majorité socialiste avec le contrôle et le programme du Parti; enfin celle de la collaboration de socialistes à un gouvernement de coalition parlementaire, à la manière indiquée par Paul Boncour et Renaudel.

Au point où nous en sommes du débat, tant d'objections, de critiques ont été apportées de part et d'autre, que si nous nous penchons sur le champ de bataille, j'en suis à me demander ce qui peut bien rester de ces trois hypothèses, et si les coups que nous leur avons portés ne les ont pas frappées à mort.

On a tellement démoli, en effet, dans ce Congrès qu'aucune hypothèse ne semble plus possible à retenir dans l'horizon de nos regards.

Aussi peut-être serait-il sage de renoncer purement et simplement à discuter de l'exercice du pouvoir en régime capitaliste, et de la collaboration sous n'importe quelles formes.

Mais peut-être s'agit-il d'autre chose, car enfin, à travers certains débats de notre groupe parlementaire, à la lecture de certains articles de presse socialiste, à l'audition de certains discours, il ne se pose pas, me semble-t-il, seulement la question de la collaboration ; il paraît bien que le problème au regard d'une partie de nos camarades est beaucoup plus vaste et plus étendu et que ce soit la question d'un néo-revisionnisme qui se dissimule et s'insinue.

Je me trompe peut-être. Mais si c'était cela, je vous demanderais de vous rappeler tout d'abord qu'il y a entre nous un certain nombre de pactes, de traités, signés de tous. Nous propose-t-on de les déchirer ? Il faudrait l'indiquer nettement.

Je ne veux même pas remonter jusqu'à la charte d'unité, aux principes et à la doctrine qui sont imprimés sur votre carte du Parti, et dont personne ne réclame de face et clairement l'abandon ou la modification. Mais il y a d'autres documents plus nouveaux, plus près de nous, qui nous sont pour ainsi dire plus personnels, ce sont ceux qui ont servi depuis la scission de Tours à fixer notre pensée et notre politique.

Lorsque nous nous sommes réunis à l'Hôtel de Ville de Tours, considérant autour de nous, avec anxiété et tristesse, — tous les désastres de la scission, toutes les pertes que nous venions de subir, nous nous sommes ramassés sur nous-mêmes et nous avons dit : Comment allons-nous continuer le Parti socialiste ? Sur le champ, avant de nous séparer, nous avons répondu en ces termes que je relève dans le Manifeste que nous lançâmes alors :

« *C'est nous qui continuerons à organiser les travailleurs, tous les travailleurs, en un parti de classe, poursuivant la transformation la plus rapide possible de la société capitaliste en société collectiviste ou communiste.* »

Quelques semaines plus tard, à notre Conseil national du 13 février, nous précisons encore notre pensée, et, à l'unanimité, nous adoptions ces lignes :

« *Ni le bloc des gauches, ni le ministérialisme, condamnés à la fois par nos conceptions doctrinales et par l'expérience, ne trouveront dans nos rangs la moindre chance de succès.* » (*Vifs applaudissements.*)

Qu'est-ce que vous voulez ! nous avons tous signé cela, tous ; je ne connais personne qui ait refusé d'apposer au bas de ce manifeste sa signature personnelle, et, en même temps, celle de ses mandants de-toutes les Fédérations.

Il est vrai que l'auteur de la motion de Tours pouvait sembler un peu suspect : c'était Mayeras, et l'auteur de la résolution du premier Conseil national aussi, car c'était moi. Peut-être sentons-nous un peu le fagot ! (*Rires.*) Mais le groupe parlementaire, à la même heure, se réunissait aussi, et les 50 députés qui restaient fidèles à la Section française de l'Internationale ouvrière, s'exprimaient ainsi :

« *Plus que jamais nous mettrons notre activité au service de la propagande et du recrutement dans le pays. Plus que jamais nous nous attacherons à transporter sur le terrain parlementaire la lutte de classe elle-même, en dénonçant l'impuissance du capitalisme, en lui signifiant l'opposition irréductible du prolétariat, en proclamant dans leur plénitude les conceptions et les solutions socialistes, en même temps que nous travaillerons à arracher, bribe à bribe, à la résistance bourgeoise les réformes qui rehaussent la condition des travailleurs, favorisent leur organisation et contribuent à les armer pour la lutte révolutionnaire. »*

Tous les élus ont signé. En sommes-nous toujours là ? ou bien quelques-uns entendent-ils reprendre leur signature ?

Je suis très sensible à la critique que nous font nos amis, je ne dis pas de droite, pour ne pas les choquer, mais d'un autre courant d'opinion qui les emporte à côté de nous, quand ils nous disent : Oui, mais tout de même, vous savez, en rappelant toujours ces choses, vous montrez que vous avez reçu un fameux coup de marteau guesdiste dans votre jeunesse, et il vous en est resté quelque chose !

Marquet. — Et comment !

Paul Faure. — Je vois que Marquet approuve ; il m'a fait amicalement ce reproche ; il l'a aussitôt corrigé en ajoutant : Moi aussi, j'ai reçu un coup de marteau mais qui n'était pas le même.

Je répète que je suis sensible aux reproches que vous nous faites d'être enfermés dans notre tour d'ivoire, d'être figés dans des formules, de rester à la fenêtre et de ne pas voir la vie qui passe, que sais-je encore ! de demeurer dans le sarcophage de la doctrine marxiste comme des momies, tandis que, vous, évidemment, vous êtes demeurés vivants et en pleine action ! Cela nous est fort désagréable de vous entendre nous dire cela, parce que vous déformez par trop la réalité par esprit et partialité de tendance.

Je me permets de vous faire remarquer toutefois qu'à force de nous faire ces reproches, vous nous avez fait assez souvent fléchir, et que précisément, si l'on voulait établir un bilan, je crois qu'on constaterait que nous avons cédé beaucoup trop, et que nous vous avons montré combien nous nous assouplissions avec excès à votre point de vue, en écoutant par faiblesse et camaraderie vos appels, et en abandonnant le terrain même où nous avions toujours milité. Cela nous a été quelquefois très dur et vous ne paraissez pas du tout nous en savoir gré si j'en juge par la sévérité de vos critiques. Rappelez-vous il y a deux ans, quand vous êtes venus à nos Congrès nous expliquer que la loi électorale étant mauvaise, le cartel électoral pourrait sans doute nous donner des armes supplémentaires pour abattre le Bloc national. Cela a fort mal passé, c'était pour nous une nouveauté inquiétante quand même, alors que je ne suis pas encore absolument convaincu que le socialisme français ne pouvait pas s'en tirer autrement. (*Vifs applaudissements.*) Je ne jetterai en passant dans ce débat qu'un exemple, bien connu de moi, celui de la Saône-et-Loire, où toute la députation était du Bloc national, où nous n'avions eu que 35.000 voix en 1919. Nous n'avons pas fait cartel, nous avons présenté une liste du Parti, contre les huit sortants du Bloc national, contre huit candidats radicaux, contre une liste communiste, contre une liste catholique. Nous avons obtenu 68.000 suffrages et il nous a manqué 2.000 voix seulement pour avoir la majorité absolue. Permettez-moi d'ajouter que cette méthode ne nous a pas seulement donné de brillants résultats électoraux, mais aussi des résultats d'organisation, et que la Fédération a passé de 900 membres à plus de 4.000. Depuis, nous avons conquis presque tous les Hôtels-de-Ville des centres les plus importants du département. (*Applaudissements répétés.*) — Les élections cantonales confirmeront nos succès. Nous venons de tenir un Congrès à Chalon-sur-Saône où nous avions 380 délégués, l'aspect d'un Congrès national, et où les paysans du Mâconnais, les métallurgistes du Creusot, les mineurs de Montceau-les-Mines, tous, avec un élan admirable, avec une foi pleine de jeunesse, nous assuraient que si une nouvelle bataille s'engageait aujourd'hui, nous aurions peut-être la majorité absolue dans le département. (*Vifs applaudissements.*)

Un délégué. — Mais ce n'est pas tout le pays !

Paul Faure. — Je n'en sais rien, je ne parle que de ce que je connais... (*Bruit.*) Vous savez, camarades, combien d'orateurs à cette tribune, ont prononcé les formules : « Au nom du pays..., le pays entend... le pays exige... » Je n'ai pas qualité, moi, pour parler au nom du pays. C'est une chose vaste, pleine d'inconnu et de mystère. Je ne vous apporte qu'un élément d'appréciation sur la parcelle de ce pays où je milite plus directement, je vous donne des chiffres qui, s'ils ne condamnent pas les méthodes pratiquées ailleurs, donnent tout de même une base assez solide aux méthodes que mes amis et moi défendons. (*Vifs applaudissements.*)

Je ne récrimine pas sur le passé. Le cartel électoral ? Je l'ai voté avec vous au Congrès de Marseille. Mais il m'est bien permis de vous faire remarquer que c'était là une assez grosse concession de la part de ceux que vous traitez inconsidérément de sectaires et qui estimaient qu'on eût pu peut-être s'en tirer autrement sans qu'en souffrissent la République et le Socialisme.

Mais nous avons consenti bien d'autres entorses à notre politique traditionnelle.

Nous avons, par la suite, pratiqué la politique de soutien. Nous ne l'avons pas pratiquée exactement comme notre Congrès nous l'avait ordonné ; nous n'avons pas à la Chambre appliqué strictement les décisions du Congrès de Grenoble. Ceux d'entre nous qui voyaient le glissement, j'emploie une expression triviale, ont-ils fait tant de « foin » que cela ? Ils ont accepté de se solidariser avec vous, même quand au groupe, pour ne citer que quelques exemples, il a fallu voter les fonds secrets, l'affichage du discours Herriot sur la politique extérieure, discours qui était le contre-pied à peu près de toute la politique que Léon Blum avait soutenue sous la Chambre du Bloc National, politique à qui vous devez en grande partie, convenez-en, votre succès électoral. (*Très bien ! Vifs applaudissements.*) — Au sein du groupe nous avions voté contre cet affichage. Nous l'avons pourtant voté à la Chambre, montrant ainsi à chaque instant, malgré les complications que cela entraînait et les protestations de nos consciences, notre souci de discipline et de conciliation.

Je ne reviens pas sur tout ce qui s'est passé sous le ministère Herriot, mais nous voici aujourd'hui en face du problème de la collaboration posé par certains camarades et sur lequel, avec un peu de réflexion, vous reconnaîtrez que nous faisons encore des concessions.

Je réponds d'abord à ceux qui, avec une malice cousue d'un fil un peu trop gros, ont essayé de nous opposer les uns aux autres : Paul Faure ne serait pas d'accord avec Bouisson, Compère-Morel s'opposerait à Zyromski ! Bien entendu ! il y a quantité de nuances de pensée entre nous. La belle découverte ! Mais vous, êtes-vous bien sûrs d'être tellement d'accord que cela ? (*Applaudissements.*)

Etes-vous sûrs — je ne nommerai personne, je ne veux chercher aucun incident — êtes-vous sûrs qu'entre tel courant, telle opinion telle méthode, tels camarades qui se sont groupés dans une Fédération sur le rapport Renaudel, êtes-vous sûrs qu'il y ait moins de désaccord que chez nous ? Je ne le crois absolument pas. Mais je ne suis pas gêné pour confesser que très souvent dans la majorité dite de gauche se rencontrent des opinions sensiblement différentes. Quand j'ai signé la motion qui vous est soumise et qu'on a appelé dans beaucoup d'endroits la motion Paul Faure alors que je crois bien n'en avoir pas rédigé une ligne, cela n'a pas signifié que cette motion traduisait exactement ma propre pensée. Seulement j'appartiens à un Parti, et je cherche, quand c'est possible, la synthèse totale, l'unanimité de tout le Parti, et si c'est impossible, au moins le rassemblement de ceux qui apparaissent comme emportés dans la même direction et comme ayant des points certains de contact.

Ma pensée à moi, vous allez me dire que je suis encore figé dans de vieilles formules, c'est de n'envisager notre arrivée au pouvoir que pour briser le régime capitaliste et procéder à l'avènement d'un régime socialiste. Aussi n'est-ce pas sans appréhension que je discute les hypothèses qui ont été développées ici, même celles auxquelles j'ai donné ma signature.

Exercice du pouvoir en régime capitaliste avec un gouvernement entièrement socialiste, c'est de la collaboration déjà. On collabore avec une majorité qui n'est pas socialiste, on collabore avec une administration bourgeoise, on compose avec les lois bourgeoises. Je parle franchement, car nous n'en sommes pas à essayer de nous dissimuler entre nous quoi que ce soit de notre propre pensée. Dès lors vous comprenez que si j'en suis là pour cette première hypothèse, je ne suis pas très chaud pour la seconde. Quant à la troisième, je l'écarte résolument.

Si nous faisons ainsi des concessions, c'est parce que nous sommes fatigués d'entendre répéter à chaque instant par tout le monde, particulièrement par les journaux de gauche : « Les socialistes ne sont bons que pour la critique, ils ne savent qu'apporter des projets de loin, mais ils n'acceptent aucune responsabilité gouvernementale. » Nous répliquons : « Nous ne reculons pas et puisque vous nous sommez de prendre nos responsabilités, nous sommes prêts à les prendre, mais pas à moitié ou de biais dans un gouvernement mélangé, véritable mosaïque des Partis. Nous acceptons de constituer un gouvernement socialiste ou un gouvernement à prépondérance, à programme et à majorité socialistes, de façon à nous présenter devant le Sénat et la Chambre avec notre véritable physionomie et nos responsabilités pleines et entières. »

Que pourrait-il se passer ? On nous laissera vivre et nous essayerons de réaliser notre programme; ou bien on nous fera tomber, ce qui démontrera que les radicaux refusent de pratiquer vis-à-vis de nous la politique de soutien et sont incapables de réciprocité. (*Applaudissements.*)

Un mot encore sur ce point spécial. Pourquoi avez-vous à chaque instant, quand nous avons défini cette conception, levé les bras au ciel, souri, haussé les épaules? Pourquoi avez-vous dit: C'est une hypothèse absurde ! Cela ne se présentera jamais !

Renaudel, ce matin, accusait quelqu'un dans le Congrès d'avoir la mémoire très courte. Eh bien ! moi je m'adresse, non pas à Renaudel, mais à vous tous, et je vous dis : Mon Dieu ! comme vous oubliez vite les choses ! Ecoutez : il y a à peine un mois, ceux qui crient le plus ici aujourd'hui, ont voté au groupe parlementaire la motion Compère-Morel-Paul Faure à l'unanimité. (*Applaudissements; bruit.*) Tous les députés socialistes, tous, l'ont votée. Je ne sache pas qu'aux archives du groupe figure une seule protestation.

Un Délégué. — On te donnera le texte exact.

Paul Faure. — Je le connais, mais s'il y a une petite équivoque il va m'être très facile de la dissiper. En tout cas, elle a pu tromper les autres pas vous! (*Bruit prolongé; Georges Weill demande la parole*). Ne m'arrêtez pas. Je ne veux pas, Weill, être interrompu surtout au moment où j'apporte une information que j'ai à peine énoncée et sur laquelle je vais moi-même fournir tous les compléments nécessaires puisqu'il le faut.

Il est vrai que l'ordre du jour voté par le groupe pouvait au dehors sembler équivoque. Toutefois, vous savez bien que nous avons été unanimes à écarter de notre décision l'éventualité, la mise même en discussion de la collaboration de socialistes à un gouvernement de gauche telle que vous la concevez. C'est tellement vrai que, comme il y avait eu une confusion, à la réunion des gauches, Blum a donné des explications claires, précises. Il a déclaré aux délégués de gauche : Ce que signifie notre motion, voici :

1° Gouvernement en totalité socialiste;

2° Gouvernement à prépondérance socialiste.

Et enfin, Blum a ajouté devant Malvy et les représentants de tous les groupes de gauche : « Nous ne sommes pas autorisés à apporter ici une proposition concernant une troisième éventualité ».

Evrard. — Mais on l'avait réservée au groupe spécialement, et on devait reprendre la discussion là-dessus.

WEILL. — Cela c'est une question de moralité. Il y a eu au groupe un vote unanime sur cette motion, mais je te rapelle qu'il y a eu avant le vote un débat, et au moment même du vote, un débat assez vif, et que l'unanimité a failli ne pas se réaliser. Elle s'est réalisée parce qu'il a été formellement entendu que le vote de cette motion n'impliquait ni l'acceptation, ni la répudiation de la troisième hypothèse et que cette question restait entièrement ouverte. (*Mouvements divers.*)

PAUL FAURE. — Cela confirme exactement ce que j'ai dit. Je fais appel au témoignage du Congrès, je suis heureux de la précision de Weill, et si je m'étais mal fait comprendre, je le regretterais pour moi, mais je crois avoir dit la même chose. Il est donc bien entendu, du propre aveu d'Evrard et de Weill, que nous avons apporté seulement aux Partis de gauche la double proposition, qui porte le nom de motion Lebas-Paul Faure-Bouisson-Compère-Morel, l'autre étant réservée. Cette double proposition n'était donc pas si ridicule puisque vous l'aviez acceptée à l'unanimité.

LOUISE SAUMONNEAU. — Il s'agit de savoir si c'est absurde ou pas !

PAUL FAURE. — Ou alors, en effet, reprenez contre vous-mêmes les accusations d'absurdité, parce que c'est cela et pas autre chose que vous avez proposé ce jour-là au Parti radical. (*Bruit ; mouvements divers.*) Mais avez-vous proposé cela oui ou non ? (*Le bruit continue.*)

Je comprend votre gêne. Mais que dis-je là qui puisse soulever de telles protestations, puisque je traduis la vérité la plus exacte et que vous la confirmez. C'est encore une fois tellement vrai que cette double proposition a été faite par l'ensemble du groupe, que M. Malvy, qui s'attendait peut-être à autre chose, s'est levé, marquant un peu d'étonnement, et a fait cette déclaration que j'ai notée pour ainsi dire sous sa dictée :

« Si nous comprenons bien, il s'agit d'un gouvernement où les radicaux seraient en quelque sorte...

C'est de M. Malvy et c'est net et clair !

« ...où les radicaux seraient en quelque sorte à la remorque des socialistes. Je dois vous dire que nous n'avons pas envisagé une minute cette hypothèse. »

Qu'est-ce que cela voulait dire ? Qu'il n'envisageait que l'autre hypothèse, qui, évidemment, dans sa pensée, comme dans celle de tous les radicaux, vise un gouvernement où les socialistes seraient à la remorque des radicaux. (*Vifs applaudissements.*)

MAURANGES. — Ni remorqueurs, ni remorqués ! (*Bruit.*)

PAUL FAURE. — Je ne vous demande pas de pitié pour ma fatigue, mais je vous invite à constater que je n'ai pas interrompu un orateur une seule fois depuis l'ouverture de ce Congrès. (*Applaudissements.*)

Et maintenant, voulez-vous me permettre d'envisager la forme de collaboration que, si éloquemment et avec tant de conviction ancienne, a envisagée et défendue Paul Boncour à cette tribune.

Bien entendu, je ne reproche pas à Paul Boncour, ni à d'autres, de n'avoir pas, dans des discours souvent improvisés et limités par le temps, examiné toutes les faces du problème. Il en est quelques-unes cependant qui ont été laissées dans l'ombre, dont on n'a pas parlé du tout et sur lesquelles, avec votre permission, je veux insister. Notez, je vous prie, que je veux me placer sur le terrain même des partisans de la participation et retenir les conditions que les plus qualifiés parmi eux ont toujours mises au seuil de l'expérience qu'ils projetaient.

Il y faut d'abord des conditions de parti. Ici, vous le savez, depuis très longtemps, il y a une véritable tradition, depuis la motion Kautsky. Je puis bien l'évoquer puisque vous vous en servez vous-mêmes en constatant qu'elle ouvre la porte à la collaboration par la formule des *circonstances exceptionnelles*.

J'accepte, moi, qu'il y ait des circonstances exceptionnelles et je discute sur le terrain même où vous m'amenez. Au moment du Congrès International de Paris, la règle, comme aujourd'hui j'espère, était la non participation. Comment donc s'exprimait cette motion fameuse ? J'en relis le texte :

« L'entrée d'un socialiste...

Aujourd'hui, on mettrait au pluriel.

« L'entrée d'un socialiste dans un gouvernement bourgeois ne permet d'espérer de bons résultats pour le prolétariat militant que si le parti socialiste, dans sa grande majorité, approuve pareil acte, et si le ministre socialiste reste le mandataire de son Parti. »

Voilà une condition, mon cher Boncour, que vous n'avez pas rencontrée, que je sache, dans le Parti d'aujourd'hui ; je ne veux pas vous décourager en vous disant que vous ne l'aurez pas dans le Parti de demain.

Mais rajeunissons-nous. La motion Kautsky date de 1900. Ecoutez ce qu'écrivait Jaurès, le 21 septembre 1904, dans *l'Humanité* :

« C'est entendu, la participation directe des socialistes au pouvoir ministériel ne doit pas être « recherchée ». Mais j'ajoute que, si les circonstances exceptionnelles prévues par la motion Kautsky au Congrès International de Paris, qui n'a pas été abolie par le Congrès d'Amsterdam, se produisaient, nul socialiste, selon moi ne devrait entrer au ministère qu'avec l'assentiment

de toutes les organisations nationales représentées au comité d'entente, ou bien, quand l'unité socialiste sera accomplie, avec l'assentiment de la presque unanimité du parti unifié. »

« *De la presque unanimité* », c'est souligné dans le texte par Jaurès lui-même. On nous disait ce matin : Pas de politique de Guesde sans Guesde ! Je vous le demande : Ne faites pas de politique de Jaurès sans Jaurès ! (*Applaudissements prolongés*).

« Les ministres seraient plus qu'à moitié paralysés s'ils devaient se débattre à la fois et contre les adversaires du prolétariat et contre une partie du prolétariat lui-même. »

Je ne continue pas la citation. Mais voyons encore plus près de nous. Depuis le 11 mai, l'un de vous a écrit ces lignes :

« Le Parti socialiste commettrait une grande faute d'imprévoyance, non seulement contre lui-même, mais contre la politique dont il veut assurer le succès si, par impatience, il se lançait dans une aventure au bout de laquelle il n'y aurait que mécomptes, ou si même il cédait à des sollicitations, amicales certes, mais qui ne vont pas bien au fond des choses.

« Le Parti socialiste est-il assez sûr de lui-même pour assumer en ce moment une partie du pouvoir, surtout si, comme cela se devrait, il était porté aux postes les plus importants? Le Parti socialiste sort à peine d'une crise redoutable. Il vient, certes, de triompher d'une façon éclatante du communisme. Mais à risquer une crise nouvelle dans son sein, quand l'unité socialiste en France n'est pas encore complètement recréée, quand la classe ouvrière est encore syndicalement si divisée, quand la force parlementaire du socialisme est encore un peu trop relative, quand l'état même des forces politiques est encore inconnu, ne serait-ce pas bien imprudent? Pour ma part, je répond nettement: Oui! et c'est pourquoi je me prononce contre une entrée au gouvernement. »

C'est du 20 mai 1924, et signé : Pierre Renaudel ! (*Vifs applaudissements; sensation prolongée.*)

Voulez-vous une dernière citation d'un expert en la matière; il est orfèvre, celui-là et il n'a jamais caché son sentiment, Je vous donne son nom tout de suite : Albert Thomas :

Nous n'avons eu, de l'autre côté du Jura, que des renseignements bien sommaires, fragmentaires, ou tardifs; mais j'ai un peu peur qu'Herriot n'ait cherché, comme on dit, « à arranger les choses » et à regagner la confiance de l'opinion moyenne en s'imposant quelque délai avant la réalisation des « mesures chirurgicales » (le mot est de lui), mais qui ne peuvent attendre. Tout compte fait et parce que je demeure partisan résolu des socialistes aux gouvernements de gauche, participation que je crois conforme à toutes les traditions et aspirations du pays, je crois que nos amis ont eu raison, cette fois, de refuser leur participation. »

C'est de fin novembre 1925, il y a environ un mois, et c'est extrait d'un article de la *Revue de l'Enseignement Primaire*.

Nous allons tirer n'est-ce pas quelques petites conclusions de tout cela. Il y a quelques semaines, nous nous sommes trouvés, selon quelques-uns d'entre vous, en face de possibilités de participation. Vous n'aviez pas d'abord... (*Bruit et discussions.*)

Ah ! non ! vraiment. Si je remuais des choses personnelles, si je sortais des articles de journaux, si j'accusais tel camarade d'avoir écrit des choses abominables sur tel autre, comme cela s'est fait... Car enfin, je pourrais vous citer *La Montagne* où on a mis en cause d'une façon odieuse Zyromski (*Applaudissements.*) Si je faisais cela, je comprendrais dans une certaine mesure votre passion vos colloques, vos interruptions, mais vous voyez bien quels efforts je fais sur moi-même pour ne rien apporter de personnel. Depuis un mois, j'ai écrit des articles où j'ai pu en passer, parce que la presse bourgeoise, aussi bien celle de gauche que les autres, nous était fermée... (*Applaudissements et interruptions.*) mais il y a des journaux de Fédération, même parmi ceux où mes adversaires de tendance sont en majorité, comme le Bas-Rhin, le Haut-Rhin, qui ont publié mes articles, je les en remercie, car cela prouve qu'ils faisaient un effort louable d'objectivité. Eh bien, est-ce que dans aucun de ces articles il y a l'ombre d'une attaque contre qui que ce soit ? Est-ce que depuis le commencement de ce débat, je ne reste pas sur un terrain tout à fait impersonnel ? (*Longs et vifs applaudissements.*)

Alors, je vous demande de me laisser aller jusqu'au bout de mon exposé, sûrs que vous êtes que j'observerai jusqu'à la fin cette attitude, et que je ne profiterai pas des dernières phrases pour lancer des flèches empoisonnées contre des camarades. Laissez-moi donc poursuivre la suite de mon exposé, alors surtout que vous sentez combien il est maintenant difficile dans la fin de ce long débat de dégager sa propre pensée et de ne pas répéter des arguments déjà donnés.

Donc, pour la participation, les conditions de parti n'existent pas telles que ses partisans les ont toujours conçues.

Les conditions parlementaires existent-elles ?

On pourrait presque opposer ici la question préalable. Puisque les conditions de Parti n'existent pas, le débat devrait être clos. Soyons tolérants et généreux, allons plus avant dans la discussion. Même si nous avons trouvé un obstacle, tenons-le pour nul, allons gaillardement vers d'autres obstacles.

Au Parlement ! quoi ? Il y a tout de même quelques semaines vous êtes allés trouver qui ? Le meilleur, je pourrais employer l'expression négative de « moins mauvais », je ne le fais pas, je dis donc le meilleur des radicaux, et vous lui avez tenu votre langage, vous lui avez posé vos conditions de participation. Vous souvenez-vous des bras levés d'Herriot : Comment ! il ne vous fallait que ça ! rien que cela ! Vous alliez lui apporter votre programme, vous prendriez les manettes de commandement du ministère, et vous laisseriez au Parti dont il est le chef, et à lui-même, quelques sous-secrétariats d'Etat, quelques portefeuilles de deuxième zone, de façon qu'au bout d'un an, quand vous auriez réalisé les assurances sociales, le service d'un an, l'école unique, l'assainissement financier, vous tireriez la révérence aux radicaux. « Séparons-nous, Messieurs, nous avons, nous, tout fait dans l'œuvre ministérielle. Vous avez été, vous, de lamentables figurants ainsi qu'il convenait. »

Evidemment, on objectera qu'il y a la solidarité gouvernementale. Mais quand un ministre prend l'initiative d'un projet de loi, c'est surtout lui qui reste dans l'histoire. Quand une loi est votée, ce n'est pas le nom du gouvernement qu'on retient, c'est celui du ministre à qui revient tout le mérite de la réalisation. Et vous vous en iriez, emportant de la maison tous les meubles, en laissant aux radicaux la poussière à balayer.

Maintenant, débrouillez-vous ! chers amis et associés, le moment est venu de rentrer chacun chez soi. Nous emportons tout, parce que c'est nous qui avons tout fait et que sans nous vous n'étiez pas capables de faire quoi que ce soit (*Applaudissements.*) Et vous croyez sérieusement que vous trouverez des radicaux pour écouter vos propositions avec ces conditions et ces appréciations sur eux ?

On a parlé de mariage ce matin ; je reprends l'image. Mais n'allons même pas chez le notaire, c'est trop prématuré. Contentons-nous de faire simplement notre cour; nous visitons notre fiancée radicale; nous ne savons pas encore si nous pousserons plus loin. Nous apportons des fleurs, des paquets de bonbons, et nous disons à la belle-mère et au beau-père: « Nous nous marierons peut-être avec la demoiselle, mais, une fois mariée, elle ne sortira pas seule, parce que, si elle sortait seule, on connaît sa vertu, elle ferait la retape sur les boulevards ! » (*Rires et applaudissements.*)

Je n'ai jamais ouï dire que c'est comme ça qu'on faisait sa cour à sa promise. On ne parle pas non plus ainsi à un Parti, à des hommes avec qui on veut faire ministère commun. Je profite évidemment de l'occasion pour essayer de me remonter un peu dans l'estime des radicaux; je crois que ce n'est pas sans besoin. (*Nouveaux rires.*) Je ne veux pas les traiter d'aussi méprisante manière que vous. Je leur fais simplemenet cette déclaration: « Prenez le gouvernement, réalisez votre programme, nous vous soutiendrons si vous le méritez et nous vous avons donné des preuves que vous pouvez compter sur nous. »

Ce langage-là, c'est déjà accorder un crédit aux radicaux. Tandis

que votre participation, telle que vous la conditionnez, est pour eux
la chose la moins acceptable.

Vous aviez précisé que vous auriez un programme commun. Mais
cela est encore impossible.

Avec quelle habileté, d'ailleurs, vous n'avez parlé que de l'assainissement financier. Et les problèmes coloniaux? On vous les a
posés; vous n'avez pas répondu. Comment faire pour le Maroc,
comment faire pour la Syrie, comment faire même pour l'Algérie,
d'où déjà des protestations s'élèvent de la part des ouvriers, des
organisations, des militants, contre les pratiques de M. Violette qu'on
a envoyé là-bas comme l'homme des gauches ? (*Vifs applaudissements.*)

Serez-vous satisfaits à la Chambre lorsque vous entendrez les
députés coloniaux, les plus coloniaux — je ne veux employer que
ce terme, mais vous savez ce qu'il veut dire — nous dire que jamais
ils n'ont eu un gouverneur qui fasse mieux les affaires que Varenne
en Indo-Chine! (*Bruit, protestations, applaudissements*). Je vous
signale des faits et les dangers d'une politique de collaboration. Vous
entendez bien que, sur Varenne, je ne sais ni ce qu'il fait, ni ce
qu'il fera. Mais comment ne sentez-vous pas le péril qu'il y a à
placer des socialistes dans des postes comme ceux-là? Comment
n'éprouvez-vous pas comme nous une indicible gêne à entendre les
représentants d'une politique coloniale contre laquelle le Parti s'est
toujours unaniment dressé, se féliciter de ces hommes nouveaux
nommés dans leurs colonies ? Vous savez bien, ou alors le sens des
réalités vous échappe, qu'il est impossible à des gouverneurs, malgré
leur bonne volonté et leur honnêteté, et s'ils ne sont pas complices,
d'empêcher une politique coloniale d'exactions et de brigandage que
la France socialiste a toujours réprouvée. (*Applaudissements prolongés*).

Et je veux vous demander ce que vous ferez de commun avec
les autres partis de gauche sur le terrain financier où l'accord s'est,
paraît-il, le plus aisément trouvé.

Vous n'entendez pas, j'imagine, renouveler les erreurs et les fai-
blesses d'Herriot et de Painlevé ? Fort bien. Il faudra donc briser
les résistances du Sénat. C'est un premier écueil. Il est de taille.
Car vous avez réfléchi, je pense, qu'au cas d'une dissolution, c'est
le Sénat qui dissout la Chambre et non le contraire.

Mais il y aura d'autres forces en face de vous. Il y a les Banques.
Vous les briserez? Je le veux bien. Mais avez-vous bien réfléchi au
fond à ce que cela signifie? Les banques, ce n'est même pas quelque
chose de national, c'est quelque chose d'extrêmement international.

Vous allez donc briser les forces financières internationales qui se dressent contre vous, qui ont acculé aux capitulations sans gloire Herriot et Painlevé, qui apportent quand elles veulent des demandes massives de remboursement qui obligent à l'inflation! Vous avez réfléchi à vos moyens d'action? Qu'est-ce que vous ferez contre elles ? Jusqu'où les radicaux, dont beaucoup sont de gros industriels, des administrateurs de riches sociétés, vous suivront-ils?

UN DÉLÉGUÉ. — Il n'y a alors qu'à se prosterner devant elles ! (*Bruit, mouvements divers.*)

PAUL FAURE. — Je vais vous dire comment je conçois cette bataille à engager — vous me rectifierez si vous voulez ou si vous pouvez — comment je conçois la lutte possible contre les puissances financières. Il faut les faire capituler! Cela veut dire: Il faut fermer des banques, il faut arrêter des directeurs de banque! (*Cris : Oui! oui!*) Je ne voulais pas autre chose que cet aveu. Alors, les associés, les frères d'armes de ces banquiers qui sont à Londres, à New-York, un peu partout, n'en doutez pas, vous donneront la réplique. Préparez-vous à une crise effroyable. Le change montera à des hauteurs fabuleuses, par conséquent la vie chère se développera sur un plan inouï! (*Bruit.*) C'est curieux! je suis prêt, si je dis des énormités, à m'arrêter! (*Bruit*). Je vous demande si vous avez calculé les conséquences de cet acte éminemment révolutionnaire auquel vous venez à l'instant de souscrire ? (*Bruit, interruptions nouvelles.*) Oui, j'insiste, c'est un acte éminemment révolutionnaire. C'est déjà aller loin d'envisager cette éventualité dans le cas d'une collaboration avec les radicaux qui, vraisemblablement, vous auraient arrêtés avant dans ce ministère commun constitué avec eux. Mais ils vous ont suivis, soit! Je crois à votre sincérité quand vous dites: « Nous le ferons ! » Je vous réponds qu'il y aura alors une répercussion tellement redoutable, une cascade d'engrenages qui vous obligeront à prendre d'autres mesures révolutionnaires pour éviter la montée folle des prix et la famine. Vous ne pourrez empêcher que se pose devant vous tout le problème économique. Comme vous aurez mis la main sur la Banque, vous serez obligés par la force des choses de faire front à toutes les autres forces capitalistes coalisées. Les forces bancaires sont internationales, mais elles sont aussi associées, soudées à tout le capitalisme français, à tous les grands industriels, à tous les agrariens, à tous les grands potentats du commerce. Il faudra alors briser tous ceux-là, accomplir de véritables actes révolutionnaires qui s'imposeront comme le premier. Réaliser l'étatisation du commerce extérieur, nationaliser les mines, la grosse métallurgie, les grands tissages, permettre à l'agriculture de produire le blé suffisant, tout cela pour empêcher la hausse des prix et la rareté des produits d'affamer les populations, pour empêcher aussi les désordres économiques et le chômage, c'est-à-dire la faillite d'une politique. Cela s'appelle exactement la Révolution sociale.

Or, vous proclamez que l'heure, les conditions historiques, psychologiques, économiques, sociales, ne sont pas favorables à l'ouverture d'une crise révolutionnaire. Je me demande si vous avez pensé, si vous avez réfléchi, que, précisément sur la pente où vous vous engageriez, vous n'aboutiriez pas à autre chose qu'à l'obligation d'un effort révolutionnaire total, et je ne crois pas qu'il soit raisonnable de trop compter, comme compagnons de route, sur les radicaux. (*Rires, applaudissements répétés.*)

Si ce n'est pas possible — car votre thèse, à mon sens, n'aboutit qu'à cela — s'il est vrai que les conditions historiques et autres ne sont pas favorables, il n'y a, voyez-vous, probablement qu'une autre méthode, celle que Painlevé a essayée, celle vers laquelle Herriot tournait des regards attendris : composer avec les banques. Seulement, la question ne se pose plus alors du tout pour nous, elle est parfaitement réglée ; ce n'est pas nous qui serons appelés à aucun moment à composer avec les puissances capitalistes, sous quelque forme que ce soit, et le problème de la participation doit disparaître de nos préoccupations.

Je crois avoir démontré que toutes les conditions que vous mettez vous-mêmes à la participation avec les radicaux sont telles que cela la rend quasi impossible, et qu'il est inutile d'en poursuivre entre nous la discussion.

Je sais bien qu'on prend à chaque instant l'exemple de l'étranger pour nous impressionner, mais ces exemples ne sont pas, à l'examen, tellement favorables à la participation.

L'Allemagne a fait une et même plusieurs expériences. Les socialistes allemands en sont-ils absolument satisfaits ? En tout cas, ce qu'on sait, c'est que le Conseil national s'est réuni récemment et qu'il a écarté l'idée de la grande coalition.

Le Conseil national de la Social-Démocratie a refusé de participer, et les raisons données par la plupart des fonctionnaires du Parti venant de la province, c'était que l'idée même que la collaboration était discutée dans le Parti menaçait de pousser et avait déjà poussé des ouvriers social-démocrates dans les rangs du parti communiste.

En Tchécoslovaquie, l'expérience a été faite aussi. Il y a eu des élections générales, il y a quelques semaines; les socialistes ont perdu 61 pour cent des voix sur 1920. Ils avaient obtenu alors 1.590.520 voix, ils sont tombés à 620.000, tandis que le parti communiste conserve et développe ses forces en Tchécoslovaquie. Je ne suis pas assez informé pour vous affirmer que cela est uniquement dû à la participation, et je ne commettrai pas cette injsutice d'apporter des affirmations dont je n'ai pas toute la preuve, alors que je n'aurais pas tous les éléments en mains; mais je suis troublé que, dans un pays où on a fait l'expérience de la collaboration si longtemps, le Parti socialiste ait perdu 61 poour cent de ses voix depuis 1920.

En Belgique, une expérience première a donné des résultats favorables. Quant à l'expérience en cours, je n'en sais rien, je souhaite qu'il en soit de même, et je suis tenté de le croire par avance.

Un délégué. — Demandez-le à Piérard!

Paul Faure. — Il n'est pas correct de mettre des camarades étrangers en cause d'une tribune qui ne leur est pas ouverte. (*Applaudissements.*) Je suis donc tenté de croire par avance qu'ils réussiront. Vous allez nous citer la Belgique pour nous l'offrir en exemple? Mais, dites-moi, les conditions du Parti ouvrier belge, les possédez-vous ? L'unité dans le prolétariat ? Elle est totale là-bas. Les coopératives dont des théoriciens socialistes français vantent l'indépendance et l'autonomie, les syndicats pour qui les mêmes théoriciens ont toujours soutenu la nécessité de ne pas faire de politique et de se suffire à eux-mêmes (*Très bien! très bien! vifs applaudissements.*) les sociétés de secours mutuels qui sont, pour la plupart, tout à fait en dehors de notre influence, eh, bien ! tous ces éléments réunis forment le Parti ouvrier belge. Avez-vous en France une unité organique du même ordre? Vous n'avez rien de semblable, ni de près, ni de loin. Vous avez la division politique du prolétariat, la division syndicale, les mutuelles en dehors de votre action directe, les coopératives sans aucune liaison réelle avec la politique socialiste. Et c'est quand vous avez simplement une fraction du prolétariat organisée au point de vue politique, dans un Parti où vous n'avez même pas la majorité, c'est alors que vous dites : « Nous allons prendre l'exemple du Parti ouvrier belge ». Vous repasserez dans quelque temps ! (*Applaudissements nourris et prolongés.*) Enfin, j'en arrive à deux accusations que l'on jette à la face des adversaires de la participation. Elles sont graves.

Vous nous avez dit : « Prenez garde! Si vous ne participez pas, on vous accusera, on pourra vous accuser de l'échec de la législature actuelle et vous aurez contre vous les colères populaires ». C'est cela que j'ai entendu dans mon Parti ! Ah ! je comprends un tel langage dans la bouche d'adversaires ; je comprends cela des radicaux qui ont capitulé, et devant le Sénat et devant les banques, qui n'ont pas voulu réaliser leur programme de Mai malgré la pression de tous les jours d'un parti qui a été jusqu'à voter les fonds secrets, qui est resté fidèle jusqu'au bout, malgré sa doctrine et ses traditions, à la politique de soutien ! Ils nous menacent pour nous obliger à nous souder à eux, afin de désarmer nos critiques. Ce n'est pas une tactique nouvelle.

Un jour, nous étions dans un bureau de la Chambre, où on nous avait offert la collaboration ministérielle. Qui ? M. Aristide Briand. Je dois d'ailleurs reconnaitre que c'est le seul qui acceptait toutes nos conditions. (*Rires, mouvements divers.*) Je vois Paul Boncour qui m'approuve, — d'autres y étaient —; nous lui avons posé des conditions, souvenez-vous, il en a même trouvé quelques-unes trop modérées ! (*Rires.*)

M. Briand eut un mot que je veux citer, parce que je sais bien qu'il est au fond de toutes les intrigues du Parti radical à l'heure d'aujourd'hui. « Si je tiens tant à vous avoir avec moi, disait-il, c'est que je vous connais ; je sais quelle force de critique et de décomposition vous avez en vous, et je vous aime mieux avec moi que contre moi ! »

Evidemment, des radicaux qui ne se sentent pas la force ni le goût de réaliser leur programme, veulent bien vous embarquer avec eux en prévision d'une faillite à laquelle ils croient. Il suffit de lire leurs journaux, d'entendre leurs discours, d'avoir vu leurs chefs à la Chambre, pour sentir qu'ils n'ont pas la foi, qu'ils ne se sentent pas l'énergie suffisante pour briser les obstacles qui sont sur la route. Et ils sont épouvantés à l'idée que, faisant faillite, nous recueillerons autour de nous, un jour prochain, la plus grande partie des troupes radicales et républicaines de ce pays. (*Applaudissements.*)

Autant je comprends les radicaux, malgré leur injustice, mais cette injustice, c'est de la polémique extérieure, c'est la polémique de l'adversaire, autant je suis poussé à vous déclarer que vous n'avez pas le droit de dire ce qu'un certain nombre d'entre vous ont écrit ou dit. Parce qu'alors, lorsque vous monterez à une tribune, dans un an ou dans deux ans et que vous direz : « Voilà le programme socialiste, voilà notre doctrine, voilà ce que nous avons voulu, voilà ce qu'il eût fallu faire ! » l'orateur radical, à côté, vous sortira vos discours et répliquera : « Non, ce n'est pas nous, radicaux, qui vous accusons, mais ce sont vos élus, ce sont vos militants qui ont déclaré par avance que, s'il y avait banqueroute de la législature, c'était la faute du Parti socialiste. » Et vous, vous accepteriez de déplacer ainsi les responsabilités, de désarmer notre propagande pour un jeu misérable de congrès, de poignarder notre Parti dans le dos ? Allons donc ! (*Applaudissements nourris et prolongés.*)

Je fais appel à votre solidarité, à votre conviction socialiste davantage encore qu'à votre intérêt électoral.

De même, je vous dis encore : « Prenez garde ! Ne dites pas et ne laissez pas dire que c'est nous qui fabriquons le fascisme parce qu'il est insensé de prétendre que la venue du fascisme est liée au problème de la participation socialiste au gouvernement. Je n'aime d'ailleurs pas à employer ce mot de fascisme qui, pour le moment, ne correspond à rien en France. Le vieux mot français de réaction peut suffire. Vous semblez croire qu'au cas où la réaction deviendrait menaçante, vous pourriez mieux la combattre en ayant quelques ministres socialistes au gouvernement. J'ai peur du contraire. En 1899, Jules Guesde prononçait ces paroles que je vous engage à méditer : « En évitant, par une simple apparence d'avènement au pouvoir, des espérances que vous ne pouvez pas réaliser, et en préparant ainsi pour demain des déceptions inévitables, vous n'aurez donc pas défendu la République, vous l'aurez livrée à la désespérance des masses. » (*Applaudissements prolongés.*)

Peut-être aussi n'est-il pas inutile de se demander quel accueil ferait la Chambre à une combinaison ministérielle que personne — entendez-moi bien ! — que personne ne vous offre, au cas où vous auriez rencontré les conditions requises — ces conditions que vous ne rencontrez nulle part quand, honnêtement, vous les cherchez.

A quel chiffre êtes-vous arrivés ? A la majorité ? Même pas. Vous avez dû vous contenter d'un équilibre incertain où une majorité de quelques voix peut se déterminer dans tous les sens. Et encore, vous additionnez de votre côté, pour l'œuvre à réaliser, pour accomplir l'acte révolutionnaire d'assainissement financier, M. Montigny, M. Franklin-Bouillon, M. Lamoureux, d'autres à qui, parlementairement, on attribue une âme de Saxons. Pour le reste, vous ajoutez: « C'est entendu, arithmétiquement, j'ai tort, seulement, plus nous aurons un gouvernement d'autorité, de hardiesse réformatrice, de vigueur, plus il gagnera vers le centre et le centre-droit. »

Il y a une autre hypothèse, c'est que si vous accentuez votre programme, non seulement vous n'étendrez pas votre majorité à droite, mais vous perdrez cinquante à soixante radicaux défaillants! (*Applaudissements.*)

J'ai parlé tout à l'heure de ceux des radicaux à qui, à tort ou à raison, on a fait une réputation de Saxons, mais les chefs, dans votre pensée, les plus respectés du Parti radical et du Parti républicain socialiste, où sont-ils à l'heure où nous discutons? Ils siègent sur les bancs du cabinet Briand et ils ont signé, si je ne me trompe, le projet Doumer que repousse actuellement la Commission des Finances pour lui opposer un projet des groupes dits du Cartel.

J'aperçois quelques signes de dénégation; je crois les comprendre; cela signifie que certains comptent peut-être sur Chautemps, sur Daladier, sur Durafour, sur d'autres, pour abandonner le cabinet dont ils font partie, si de nos débats sortait, victorieuse, la thèse de la participation socialiste. Diable ! que voilà une politique compliquée et tortueuse !

Au Conseil des ministres, il s'est produit, paraît-il, un incident assez curieux.

M. Briand, ayant eu vent de ce complot, aurait pris les devants.

« Messieurs, aurait-il dit à ses collègues, des bruits sinistres courent les couloirs; on laisse entendre que certains de mes collaborateurs se prépareraient à m'abandonner, à me trahir. Je n'ai pas eu besoin de vous consulter pour démentir immédiatement ces rumeurs abominables, persuadé que je n'avais dans mon cabinet que des hommes d'une loyauté à toute épreuve! » Aucune protestation des ministres incriminés ne se serait élevée. Ils ont, depuis, signé le projet Doumer. Mais des bruits étranges ont persisté. Il est même venu jusqu'à mes oreilles que quelques radicaux insinuaient — je pense que c'est une calomnie insolente — que c'étaient des socialistes qui avaient conseillé à ces ministres de rester dans le cabinet Briand, d'attendre jusqu'au 10 janvier, de rester en place, de signer le projet Doumer, de faire tous les jours à M. Briand des déclarations de loyalisme et d'avoir derrière le dos le poignard ouvert dans la main, en attendant que sonne l'heure de la trahison. Ce n'est pas vrai, j'espère. Pas un socialiste n'a pu conseiller à aucun ministre du cabinet Briand un acte de déloyauté, un acte de félonie (*Applaudissements*) parce que, alors, si cela avait été, de quel mortier ramassé dans la boue nous proposeriez-vous de bâtir l'édifice de demain ? (*Nouveaux applaudissements.*) Vous parlez de politique rénovée, de franchise, de courage, et vous compteriez, pour inaugurer cette politique, sur la félonie d'un certain nombre de ministres d'aujourd'hui ? Impossible ! On a calomnié nos camarades. Pas un socialiste n'a pu se rendre coupable d'une pensée pareille. (*Vifs applaudissements*).

Mais il me faut conclure. Nous ne devons pas sortir de ce congrès avec une ombre de découragement sur la route où la vie et l'action nous appellent. Nous avons remporté depuis deux ans de grandes victoires. Jamais le socialisme, en France et dans le monde entier, n'a été plus vivant et plus fort. Jamais il n'a été une plus grande force d'attraction qu'aujourd'hui. Nous délibérons, et, depuis huit jours, toute la grande presse bourgeoise qui, il y a deux ans, ne prononçait pas le nom d'un socialiste, est pleine de nous à toutes ses pages. Elle relate comme un événement le vote du groupe de Carpentras, ou celui de la section d'un petit village de la montagne. De partout, l'opinion a ainsi les regards tournés vers le socialisme français et les décisions qu'il va prendre. La présence de nombreux représentants de la presse étrangère témoigne assez que l'opinion des autres pays s'intéresse aussi à nous, tellement nous apparaissons dès maintenant comme une grande force populaire. Croyez-vous que le peuple de France ne sente pas cela aussi bien que la bourgeoisie ? Il aura suivi passionnément nos débats et, sans doute, constatera-t-il que les thèses de collaboration ou d'exercice du pouvoir en régime capitaliste, ont été démolies successivement par nous et par vous. Il n'en reste pas grand'chose. Mais il reste le socialisme (*Vifs applaudissements*), sa doctrine, ses espérances, sa force, son œuvre de recrutement et d'éducation à bien conduire et à développer.

Vous avez autour de vous un peuple immense, tout le prolétariat universel ; il a confiance dans le socialisme et même quand il vous critique et vous reproche de ne pas collaborer, c'est encore un hommage qu'il vous rend, parce qu'il vous croit plus capables que les autres de réalisations. Il y a donc tout autour de vous un milieu et une atmosphère admirablement favorables ; il ne faut pas que vous déceviez ces espérances.

Pour cela, ayons une politique claire, cessons de nous bercer d'illusions et de poursuivre des chimères.

La collaboration, même conçue comme elle l'a été à cette tribune par ses partisans les plus déterminés, est parfaitement impraticable. Aucun homme de la bourgeoisie, la plus à gauche, ne l'accepte, même pas M. Herriot auprès de qui vous avez récemment fait une expérience concluante et négative. Par conséquent, cherchons autre chose ! Finissons-en une bonne fois. Que quelques-uns ne continuent pas à ruser avec les troupes ou les chefs radicaux. Parlons-leur franchement. Nous ne pouvons pas collaborer à un ministère avec eux, c'est archi-démontré, mais nous les estimons comme républicains supérieurs aux autres ; nous considérons certains d'entre eux comme infiniment plus près de la démocratie que du Bloc National ou de la réaction. Qu'ils agissent enfin au lieu de discourir ! S'ils ont besoin du concours socialiste pour avoir la majorité, nous le leur accorderons dans la mesure où, tenant compte de nos obligations et de nos difficultés de Parti, ils nous rendront la chose possible. Alors, nous obtiendrons le maximum de résultats si les radicaux sont capables d'agir et de réaliser.

La collaboration, c'est l'aventure ; vous brûleriez votre dernière cartouche dans une bataille qui ne serait pas la vôtre et où le socialisme tomberait dans le discrédit.

Après, rien ne serait possible parlementairement, et vous auriez signé de vos mains le bilan de faillite de la législature.

Un gouvernement socialiste ne serait pas appelé ; une politique de soutien ne pourrait plus être pratiquée.

Il ne resterait plus que la réaction dont vous auriez précipité l'avènement. Si cela se produit que, du moins, la responsabilité en retombe sur d'autres !

Quant à la classe ouvrière, nous aurions brisé son élan et détruit sa foi. Même les hommes qui nous auraient poussés à la participation nous accableraient de leurs reproches.

Quelle serait la situation du socialisme après de terribles et inévitables déceptions ? Ah ! je ne veux pas exagérer certains périls. Mais il y a au-dessus de vos têtes comme un symbole... (*l'orateur indique du doigt une lanterne portant les signes bolchévistes du marteau et de la faucille*)... Quand nous aurions tué au cœur des ouvriers la grande espérance du socialisme, ils se détourneraient de nous. Les uns, les plus jeunes, les plus ardents, iraient aux excès du communisme, d'un communisme aujourd'hui en pleine décomposition ; d'autres rentreraient chez eux déçus et découragés ; d'autres encore, comme on l'a vu en Italie, renforceraient la réaction elle-même.

Je vous supplie d'y réfléchir. Conservons à notre grand Parti sa physionomie véritable ; soyons le centre de ralliement de toutes les forces vives du Prolétariat et de la Démocratie ; appelons à nous cette jeunesse impatiente, curieuse, avide d'idéal !

Nous aurons avec nous les masses profondes de l'opinion et forgerons ainsi, au jour le jour, les armes qui permettront au socialisme de poursuivre sa marche victorieuse et de se préparer aux actes décisifs.

Là est le salut contre la réaction et le fascisme ! (*Salves répétées d'applaudissements; une longue et chaleureuse ovation est faite à l'orateur.*)

PAUL FAURE
Député de Saône-et-Loire
Secrétaire général du Parti socialiste (S. F. I. O.)

VILLENEUVE-SAINT-GEORGES
IMPRIMERIE « L'UNION TYPOGRAPHIQUE »

EN VENTE A LA LIBRAIRIE DU PARTI

12, Rue Feydeau — PARIS-2°